第i情报研究丛书

2018 国际大都市科技创新能力评价

顾震宇 等◎著

上海科学技术文献出版社
Shanghai Scientific and Technological Literature Press

图书在版编目（CIP）数据

2018 国际大都市科技创新能力评价 / 顾震宇等著. —上海：上海科学技术文献出版社，2018
ISBN 978-7-5439-7767-9

Ⅰ. ① 2… Ⅱ. ①顾… Ⅲ. ①国际性城市—技术革新—创造能力—评价—世界—2018 Ⅳ. ① F113.2

中国版本图书馆 CIP 数据核字 (2018) 第 216542 号

责任编辑：祝静怡
封面设计：有滋有味（北京）

2018 国际大都市科技创新能力评价
2018 GUOJI DADUSHI KEJI CHUANGXIN NENGLI PINGJIA
顾震宇　等著
出版发行：上海科学技术文献出版社
地　　址：上海市长乐路 746 号
邮政编码：200040
经　　销：全国新华书店
印　　刷：昆山市亭林印刷有限责任公司
开　　本：787×1092　1/16
印　　张：13
字　　数：252 000
版　　次：2018 年 11 月第 1 版　2018 年 11 月第 1 次印刷
书　　号：ISBN 978-7-5439-7767-9
定　　价：128.00 元
http://www.sstlp.com

目　录

前言 FOREWORD

党的十八大以来，习近平总书记多次强调创新的重要性和紧迫性，“要紧紧扭住创新这个‘牛鼻子’，推进科技创新、产业创新、产品创新、品牌创新，让创新成为驱动发展的新引擎”。

1. 城市是创新活动的主要载体

城市是一个知识中心，早期的知识是在城市里集聚的。城市是集聚知识工作者最主要的载体，而知识也随着人才的流入，在城市内部得到进一步的集聚。据统计，美国96%的产品创新发生在大都市，德国绝大多数的应用性专利是在城市里发明的。显而易见，城市是一个创新系统，同时还是创新的先锋市场。城市提供了距离上的临近优势，并产生重要的外部性和溢出效应。城市的功能板块和资源布局相对比较密集，对于企业来讲这具有天然的优势，它可以近距离与产业链上下企业以及产品的终端市场形成紧密的互动关系。这既节约了企业的运营成本，也让企业对市场有更好的感知度。此外，城市可以将其一些功能和优势，通过便捷的交通和基础设施快速辐射到周边地区，带动周边地区一起形成产业集群。城市为小微企业和跨国公司提供多样化的网络与合作伙伴。城市是创新生态系统的实践地，在城市创新系统中集聚了行业产业链上的各类企业和机构，而每一个企业背后的国内外关系网络共同形成了城市的产业生态，它为企业提供了无限的合作可能。

2. 城市科技创新能力评价引起关注

科技创新能力是一个国家和地区竞争实力的重要表现，是影响经济、社会发展的决定性因素。它反映了科技促进经济发展、增强经济实力、推动社会可持续发展的能力。

城市科技创新能力的研究与评价，核心是对参评对象在城市发展中创新进展情况进行监测。从长远看，连续的评价不仅能够展示一个城市及城市群体的创新发展历程，而且能够找出城市创新发展的规律。因此,评价的核心是指标选择,评价的前提是能否得到有效的评价数据,评价的关键是能否长期开展评价。

近年来越来越多的国际知名公司和组织推出城市创新能力评价相关研究或排名。例如2018年3月,毕马威发布《2018全球科技创新报告》,报告在对800多位全球科技领导人年度调查数据基础上讨论了全球驱动创新发展的城市、国家、人物和公司。美国科技业研究组织 Startup Genome 基于采访创业家和大量创业数据研究,发布了全球创业生态系统报告,评价城市如何发展和维持创业生态系统的活力。澳大利亚智库 2thinknow 发布《2018全球创新城市指数》(*Innovation Cities™ Index 2018: Global*),根据影响城市创新能力的三大基本要素文化资产、人力基础设施以及网络化市场,将全球500创新城市进行排名。普华永道《机遇之都7》对全球30个商业中心城市的经济和社会发展进行了全面考察,从交通和基础设施、宜商环境、人口结构特征和宜居性、技术成熟度与成本等10个维度衡量这些城市的表现。

3. 本研究基于专利论文数据客观反映城市科技创新能力

上海科学技术情报研究所、上海市前沿技术发展研究中心、科睿唯安公司合作研究的《2018国际大都市科技创新能力评价》项目,在2015、2016、2017研究的基础上,以上海、北京、深圳、纽约、波士顿、洛杉矶、旧金山、芝加哥、西雅图、多伦多、柏林、伦敦、巴黎、斯德哥尔摩、莫斯科、东京、大阪、首尔、新加坡、悉尼20个城市为研究对象,通过以下两条主线考察城市科技创新能力。

(1) 以国际知名机构及论坛每年发布的十大新兴技术、全球顶尖科学家、领先技术研发机构和领先学术研究机构、高质量论文和专利国际榜单或排名为基础,形成相应的城市排名。

(2) 从创新态势、创新热点、创新质量、创新主体和创新合力5个维度,对专利、学术论文中与之相关的评价指标开展文献计量分析,评价20个城市的科技创新能力。

结合两条研究主线,形成城市科技创新能力指标体系,获得城市排名。

与国内外类似研究相比,本研究采用事实性数据和定量分析的方法,确保分析结果的准确性和可重复性。国内外城市创新评价研究使用的指标很多是来自统计资料,存在较长的时滞,同时许多关于城市的指标缺少相关统计,实际运用中不少采用估算的方法,误差较大。本研究采用专利和论文事实性数据库，具有数据量大、数据新的特点，采用定量分析方法，及时反映城市科技创新能力。其中，专利揭示技术创新能力、论文揭示科学创新能力。

4. 本研究助力上海建设科技创新中心

随着世界经济的发展和全球化趋势的不断加快，现代国家城市形态出现了转型，一批城市积极提出构建创新型城市的口号，并从整体上实施了城市创新运动。上海创新城市的建设是其代表中国参与世界竞争的必然要求，同时也是中国经济崛起的必然结果。

通过本研究对国际大都市科技创新能力的科学评价，能够了解全球主要大都市当前最新的创新态势和特色体系，有利于及时学习总结优秀经验，完善自身不足，更好地把握时代赋予的机遇和挑战，制定科学可持续发展的战略规划，有利于逐步形成并明确城市独有的竞争优势，在全球化的科技创新浪潮中脱颖而出，为政府制定和实施城市创新战略提供依据，从而积极响应国家“十三五”科技创新规划，全面服务于上海市“科创中心”的建设工作。

第1章

研究方法

1.1 研究思路

课题组选定20个国际大都市为研究对象，通过两条研究主线考察城市科技创新能力。一条研究主线以基于国际榜单的城市排名为基础，考察城市的科技创新能力。另一条研究主线是采用专利论文文献计量方法考察城市的科技创新能力。在以下两条研究主线的基础上，形成城市科技创新能力评价指标体系。

1. 基于国际榜单的城市评价

以十大新兴技术、全球顶尖科学家、领先技术研发机构和领先学术研究机构、高质量论文和专利的国际榜单或排名为基础，形成相应的城市排名。通过这几个城市排名，从不同视角考察城市科技创新能力。

(1) 新兴技术城市排名：以世界经济论坛、Frost & Sullivan、Gartner等国际知名机构每年发布的新兴技术榜单为基础，提取10项新兴技术，分别在PCT专利和SCI、CPCI论文数据库中检索，获得20个城市在10项新兴技术领域中学术和研发排名。

(2) 基于顶尖科学家的全球城市排名：以科睿唯安《2017年全球高被引科学家》为基础，按科学家所在机构映射城市，了解各城市中顶尖科学家数量，以此获得全球城市排名。

(3) 基于高质量专利的全球城市排名：以20城市2015—2017年PCT专利为基础，选取被引专利数量大于10件的高质量PCT专利，按专利申请人地址进行城市映射，获得城市排名。

(4) 基于高质量论文的全球城市排名：以20城市2015—2017年ESI高质量论文为基础，按学术机构地址进行城市映射，获得城市排名。

(5) 基于领先研发机构的全球城市排名：以2017年公开的PCT专利为基础，对PCT专利数量排名前500的领先研发机构进行城市映射，研究城市对领先研发机构吸引力，并获得城市排名。

(6) 基于领先学术机构的全球城市排名：以 2017 年 SCI、CPCI 论文为基础，对发表论文数量排名前 500 的领先学术机构进行城市映射，研究城市对领先学术机构吸引力，并获得城市排名。

2. 基于专利论文文献计量的城市评价

以专利、学术论文为基础，从创新态势、创新热点、创新质量、创新主体和创新合力 5 个维度开展文献计量分析。其中专利揭示技术创新能力，学术论文揭示学术创新能力(图 1.1)。

图 1.1 基于文献计量的 5 维度城市评价体系

1.2 样本选取

1. 城市样本选取

在城市样本的选取方面，课题组从国内外知名机构发布的全球创新城市榜单中筛选与科技、产业创新相关的分项榜单，参考森纪念财团《2017 全球城市实力指数》研发排名、普华永道《机遇之都 7》智力资本和创新排名、毕马威《改变现状的颠覆性技术：全球科技创新中心》中排名前 20 位的城市，三个榜单共涉及 29 个城市。

课题组将 29 个城市，按 2017 年 PCT 专利公开量、2017 年 SCI、CPCI 论文数量，使用等权重的指标体系对这些城市打分并排序，并对专利数量特别低的两个城市进行了微调。最终选择中国的上海、北京、深圳，北美的纽约、波士顿、洛杉矶、旧金山、芝加哥、西雅图、多伦多，欧洲的柏林、伦敦、巴黎、斯德哥尔摩、莫斯科，亚洲的东京、大阪、首尔、新加坡，大洋洲的悉尼共计 20 个城市作为本次研究的样本城市(表 1.1)。

表 1.1 全球城市科技创新相关榜单

排名	《2017 全球城市实力指数》研发排名	《机遇之都 7》智力资本和创新	《改变现状的颠覆性技术：全球科技创新中心》
1	纽　约	伦　敦	上　海
2	伦　敦	旧金山	东　京
3	东　京	巴　黎	伦　敦
4	洛杉矶	多伦多	纽　约

续 表

排名	《2017全球城市实力指数》研发排名	《机遇之都7》智力资本和创新	《改变现状的颠覆性技术：全球科技创新中心》
5	首 尔	阿姆斯特丹	北 京
6	新加坡	纽 约	新加坡
7	波士顿	洛杉矶	首 尔
8	芝加哥	东 京	班加罗尔
9	旧金山	悉 尼	特拉维夫
10	巴 黎	斯德哥尔摩	柏 林
11	香 港	芝加哥	悉 尼
12	大 阪	新加坡	波士顿
13	柏 林	首 尔	芝加哥
14	北 京	香 港	多伦多
15	华盛顿，D. C.	柏 林	香 港
16	悉 尼	北 京	深 圳
17	阿姆斯特丹	莫斯科	—
18	上 海	迪 拜	—
19	多伦多	上 海	—
20	布鲁塞尔	米 兰	—

2. 新兴技术选取

(1) 新兴技术来源。新兴技术是指21世纪发展起来的一系列最尖端技术，具有技术融合的特点。近年来，随着科技的迅速发展，新兴技术不断出现、不断更替。国际上一些知名机构每年都发布新兴技术的榜单，根据这些榜单，我们确定了本研究中进行评价的十大新兴技术。

将十大新兴技术分别在PCT专利数据库和SCI、CPCI论文数据库中检索，每一项新兴技术分列出20个样本城市的PCT专利和论文数量，为新兴技术领域城市的技术研发和学术研究排名提供量化指标。

从国际的权威榜单看，Gartner等机构在近一年内公布了最新的全球新兴技术名单，通过分析Gartner 2018年十大战略科技、《麻省理工科技评论》2018年全球十大突破性技术等榜单，可以透析目前全球比较认可的新兴技术，从中选取适合本研究的技术对象。

(2) 新兴技术选取方法。基于以上2018年榜单内容，本研究从中选择一些重点技术作为分析研究对象。选取原则基于以下三点：

- 在 1 个或多个榜单中多次出现的技术；
- 符合 20 大城市主要技术领域和学科领域的技术；
- 处于技术萌芽期，近期发展前景看好的技术。

2017 年，我们关注了区块链、人工智能、无人机、无人驾驶汽车、石墨烯、基因编辑、燃料电池、量子计算、虚拟现实和精准医疗 10 项新兴技术。

2018 年，边缘计算被 Gartner 评为 2018 年十大战略技术。我们将边缘计算列入研究对象中，替代了 2017 年的燃料电池技术(表 1.2)。

表 1.2　2018 年 10 项新兴技术

新兴技术	介　　　　绍
区块链	区块链是一个分布式的账本，区块链网络节点之间的去中心化协议维护着一条不停增长的由有序数据块组成的数据链。每一个数据区块内都有一个时间戳和一个指针，指向上一个区块，它能安全地存储数字货币或者股权、债权、版权等的交易数据，区块中的信息不可伪造和篡改。区块链是一个开放性的账本，可以极大降低社会中的信任成本，重塑了互联网价值传输的机制。虽然目前的卖点还是以金融服务行业为主，但是其应用前景广泛，包括音乐发行、身份验证、所有权登记和供应链
人工智能	简单来说，人工智能就是用计算机来做人类能够做的事的科学。过去几年，人工智能(AI)发展显著：现在我们大部分都是用可以识别语音的智能手机，或者利用图像识别技术快速通过机场入境处。在某些特定的学习和记忆任务方面，机器的表现超越人类
无人机	该技术被应用于农业、拍摄和许多其他方面，这些地方都需要廉价和广泛的空中侦察。但目前为止，这些无人机都需要人类驾驶员。区别在于这些飞行员都在地面上远程控制着这些飞行器。无人机技术的下一步是开发机器自行飞行，将它们带到更广的应用领域
石墨烯	虽然不是仅有的一种，但石墨烯或许是最闻名的单原子层材料。大幅降低的生产成本得益于 2D 材料的广泛应用，包括空气净化器、净水器、新一代的可穿戴设备和电池等
无人驾驶汽车	虽然无人驾驶车目前在世界上大部分国家尚未完全合法化，但其在挽救生命、节能减排、促进经济发展、改善老年人生活质量等方面的潜在优势，使得与其相关的重要技术先驱已经开始飞速发展
基因编辑	传统基因工程一直备受争议。最新技术通过直接"修改"植物基因编码，让植物更加营养、更能应对气候变化；这些优点和"修改"的精准性，能将当前的担心与质疑化为广泛的接受
精准医疗	精准医疗是以个体化医疗为基础的新型医学概念与医疗模式。其本质是通过基因组、蛋白质组等组学技术和医学前沿技术，对于大样本人群和特定疾病类型进行生物标记物的分析与鉴定、验证与应用，从而精确寻找到疾病的原因和治疗的靶点，并对一种疾病不同状态和过程进行精确分类，最终实现对于疾病和特定患者进行个性化精准治疗的目的

续 表

新兴技术	介　绍
量子计算	量子计算是一种依照量子力学理论进行的新型计算。量子计算的基础和原理以及重要量子算法为在计算速度上超越图灵机模型提供了可能
虚拟现实	虚拟现实是利用电脑模拟产生一个三维空间的虚拟世界，提供用户关于视觉等感官的模拟，让用户感觉仿佛身历其境。该技术集成了电脑图形、电脑仿真、人工智能、感应、显示及网络并行处理等技术的最新发展成果，是一种由电脑技术辅助生成的高技术模拟系统
边缘计算	边缘计算指在靠近物或数据源头的网络边缘侧，融合网络、计算、存储、应用核心能力的开放平台，就近提供边缘智能服务，满足行业数字化在敏捷连接、实时业务、数据优化、应用智能、安全与隐私保护等方面的关键需求

1.3 数据采集

数据来源上，本研究使用了科睿唯安 Derwent Innovation 平台的 WIPO 专利申请数据库、德温特专利数据库，Web of Science 平台的科学引文数据库（SCI）、会议录引文索引数据库（CPCI）、基本科学指标数据库（ESI）。

1. 专利数据

使用 Derwent Innovation 平台 WIPO 专利申请数据库，检索 20 个城市 2015—2017 年公开的 PCT 专利，按德温特专利族合并后进行采集，检索日期为 2018 年 5 月 20 日。我们采用 2017 年公开的 PCT 专利数据对城市技术研发的创新态势、创新热点、创新主体、创新合力、基于领先研发机构的全球城市排名进行分析。

考虑到评价城市专利质量的指标如专利被引用数量、在多国申请专利数量等指标与时间相关度极高，仅分析 2017 年公开的专利数据无法反映实际情况。因此，在分析城市专利质量、基于高质量专利的全球城市排名方面，使用 2015—2017 年公开的 PCT 专利。在新兴技术专利采集方面，由于每个城市对应的新兴技术专利数量不多，考虑到文献计量的统计意义，并没有限制 PCT 专利检索年限。

2. 学术论文数据

使用 Web of Science 平台科学引文数据库（SCI）、国际会议录引文索引数据库（CPCI），采集 20 个城市 2015—2017 年发表的学术论文数据，检索日期为 2018 年 6 月 20 日。课题组采用 2017 年发表的 SCI、CPCI 学术论文数据对城市学术研究的创新态势、创新热点、创新主体、创新合力以及基于领先学术机构的全球城市排名进行分析。

考虑到评价城市论文质量的指标如论文被引用数量等指标与时间相关度极高，仅分析 2017 年发表的学术论文数据无法反映实际情况，因此在考察城市论文质量方面，使用 2015—2017 年公开的 SCI、CPCI 学术论文数据。在新兴技术论文采集方面，由于某些城市对应的新兴技术论文数量不多，考虑到文献计量的统计意义，并没有限制论文检索年限。

3. 高质量论文数据

使用 Web of Science 平台基本科学指标数据库(ESI)，采集 20 个城市 2015—2017 年 ESI 论文数量作为城市高质量论文数量，检索日期为 2018 年 7 月 5 日。对采集的数据根据城市进行排序，获得基于高质量论文的城市排名。

1.4 评价指标设计

1. 指标体系

结合基于国际榜单的城市排名与基于专利论文的 5 维度城市创新能力评价体系这两条研究主线，将基于国际榜单的城市排名中“新兴技术城市排名”归入创新热点维度，将“基于领先研发机构和领先学术机构的城市排名”“基于顶尖科学家的城市排名”归入创新主体维度，将“基于高质量专利和高质量论文的城市排名”归入创新质量维度，建立三级指标体系。指标体系包括 5 个一级指标、10 个二级指标、65 个三级指标，评价 20 个样本城市的科技创新能力(图 1.2)。

2. 评价指标

(1) 创新态势。城市科技创新能力综合排名指标体系共设置 5 个一级指标，10 个二级指标，25 个三级指标。创新态势一级指标中，分析 20 个城市年度专利、论文年度公开数量及其增长率，揭示创新发展态势，包括：

- 2017 年 PCT 专利量[C1]：2017 年各城市 PCT 专利数量，指标权重为 1/20。
- 2015—2017 年 PCT 专利 CAGR[C2]：以各城市 2015—2017 年 PCT 专利为基础，计算三年的年均复合增长率，指标权重为 1/20。
- 2017 年学术论文量[C3]：2017 年各城市 SCI、CPCI 论文数量，指标权重为 1/20。
- 2015—2017 年学术论文 CAGR[C4]：以各城市 2015—2017 年 SCI、CPCI 论文为基础，计算三年的年均复合增长率，指标权重为 1/20。

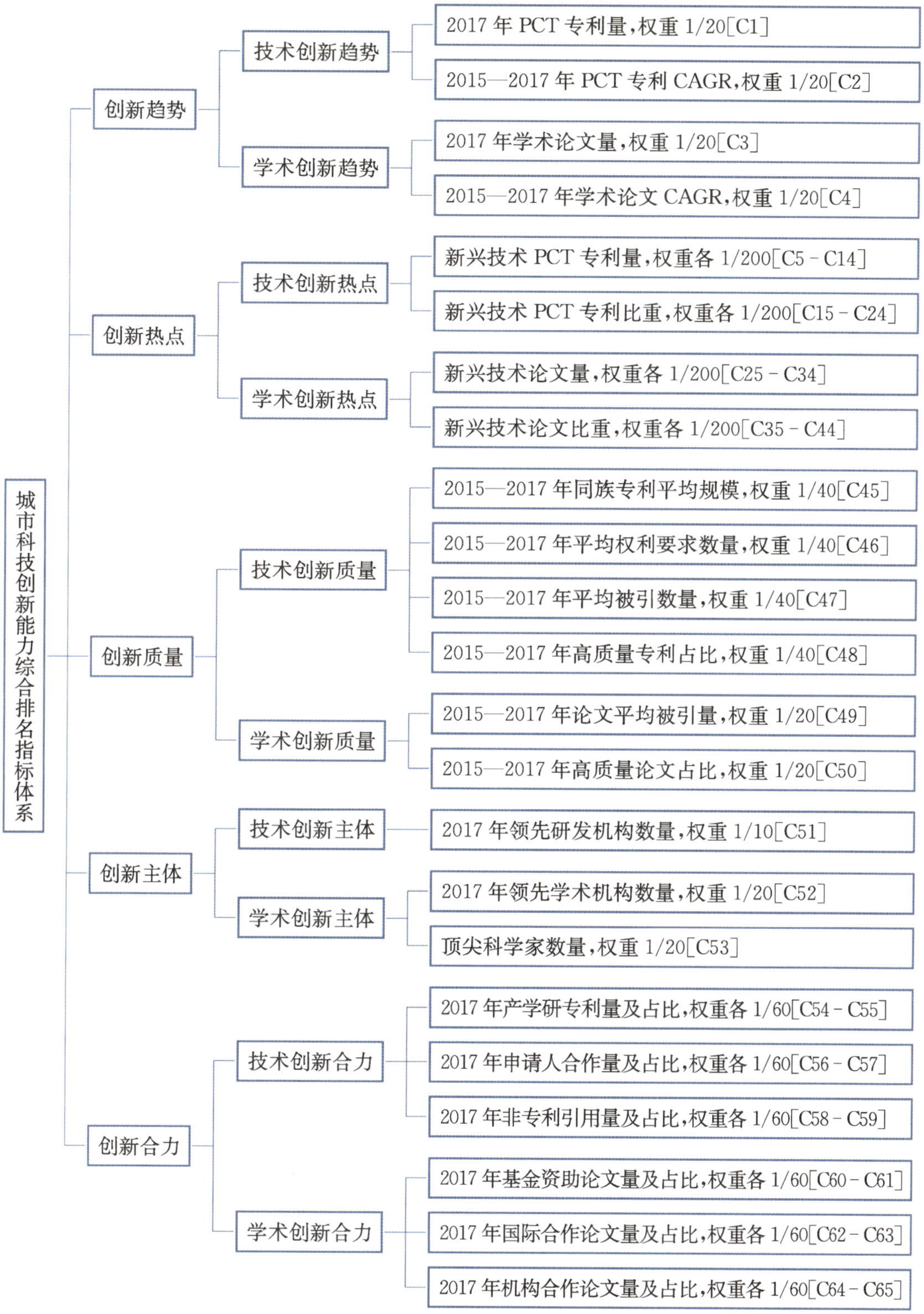

图 1.2　城市科技创新能力综合排名指标体系

（2）创新热点。创新热点一级指标中，以国际上较为专注的十大新兴技术为视角，通过对20个城市中每项新兴技术专利、学术论文的数量和比重的统计，定性分析城市的技术研发和学术研究热点，包括：

● 新兴技术PCT专利量[C5－C14]：10项新兴技术中，每项新兴技术在各个城市的PCT专利数量，每项新兴技术PCT专利量权重各为1/200，权重共计1/20。

● 新兴技术PCT专利比重[C15－C24]：10项新兴技术中，每项新兴技术在各个城市的PCT专利数量与该城市PCT专利总量的比值，每项新兴技术PCT专利比重的权重各为1/200，权重共计1/20。

● 新兴技术论文量[C25－C34]：10项新兴技术中，每项新兴技术在各个城市的SCI、CPCI论文数量，每项新兴技术论文量权重各为1/200，权重共计1/20。

● 新兴技术论文比重[C35－C44]：10项新兴技术中，每项新兴技术在各个城市的SCI、CPCI论文数量与该城市SCI、CPCI论文总量的比值，每项新兴技术论文比重的权重各为1/200，权重共计1/20。

（3）创新质量。创新质量一级指标中，分别从专利、学术论文相关指标分析20个城市技术创新与学术创新的质量。其中，技术创新质量将各城市2015—2017专利公开的PCT专利按德温特专利族合并，找出对应的德温特专利记录，选取相关指标进行统计分析。学术创新质量，在各城市2015—2017年发表的SCI、CPCI论文中，选取相关指标进行统计分析。

● 2015—2017年同族专利平均规模[C45]：2015—2017年各城市公开的专利族同族专利数量加总与专利族数量的比值，指标权重为1/40。

● 2015—2017年平均权利要求数量[C46]：2015—2017年各城市公开的专利族权利要求数量加总与专利族数量的比值，指标权重为1/40。

● 2015—2017年专利平均被引数量[C47]：2015—2017年各城市公开的专利族被引用数量加总与专利族数量的比值，指标权重为1/40。

● 2015—2017年高质量专利占比[C48]：2015—2017年各城市公开的专利族中，被引次数大于10次（包括）的专利数量与专利族数量的比值，指标权重为1/40。

● 2015—2017年学术论文平均被引量[C49]：2015—2017年各城市发表的论文被引用数量加总与论文总量的比值，指标权重为1/20。

● 2015—2017年高质量论文占比[C50]：2015—2017年ESI收录各城市的高质量论文数量与各城市SCI、CPCI论文数量的比值，指标权重为1/20。

（4）创新主体。创新主体一级指标，以专利申请人、学术论文作者机构、《2017年全球高被引科学家》榜单数据为基础，展开城市技术创新主体和学术创新主体分析。

- 2017 年领先研发机构数量[C51]：2017 年 PCT 专利按申请人专利数量由高到低排序，得到排名前 500 的机构申请人，统计各城市机构数量，指标权重为 1/10。
- 2017 年领先学术机构数量[C52]：2017 年 SCI、CPCI 论文按作者机构排序，得到排名前 500 位的机构，统计各城市机构数量，指标权重为 1/20。
- 顶尖科学家数量[C53]：以科睿唯安《2017 年全球高被引科学家》为基础，按科学家所在机构映射城市，统计各城市高被引科学家数量，指标权重 1/20。

(5) 创新合力。创新合力一级指标，分别从专利、学术论文数据中选择与技术创新、学术创新相关的指标，分析 20 个城市创新合力。

- 2017 年产学研专利数量及占比[C54 - C55]：2017 年公开的各城市 PCT 专利机构申请人中，企业与研究机构共同申请专利的数量，及其占该城市专利总量的百分比。指标权重各 1/60，权重共计 1/30。
- 2017 年合作申请专利数量及占比[C56 - C57]：2017 年公开的各城市 PCT 专利的申请人中，2 个或 2 个以上申请人合作申请的专利数量，及其占该城市专利总量的百分比。指标权重各 1/60，权重共计 1/30。
- 2017 年引用非专利文献量及占比[C58 - C59]：2017 年公开的各城市 PCT 专利中，将专利引用非专利文献数量加总的数量，及其与该城市专利总量的比值。指标权重各 1/60，权重共计 1/30。
- 2017 年基金资助论文量及占比[C60 - C61]：2017 年各城市 SCI、CPCI 论文中受到基金资助的学术论文总篇数，及其与该城市论文总量的比值。指标权重各 1/60，权重共计 1/30。
- 2017 年国际合作论文量及占比[C62 - C63]：2017 年各城市 SCI、CPCI 论文中，含该城市所在国以外的国家和地区发表论文的总篇数，及其与该城市发表学术论文总量的比值。指标权重各 1/60，权重共计 1/30。
- 2017 年机构合作论文量及占比[C64 - C65]：2017 年各城市 SCI、CPCI 论文中，单篇论文中机构数量大于等于 2 的学术论文总篇数，及其与该城市论文总量的比值。指标权重各 1/60，权重共计 1/30。

第2章

主要创新

2.1 国内外已取得的成果

国内外在区域创新评价，尤其是城市创新能力的评价方面，已经取得一些成果。国内外知名机构包括毕马威公司、澳大利亚智库2thinknow、日本森纪念集团、普华永道以及上海市信息中心等机构发布了城市年度创新报告。

1. 毕马威《全球科技创新报告(2018)》

2018年3月，毕马威发布《2018全球科技创新报告》(*The Changing landscape of disruptive technologies — Global technology innovation hubs*)。毕马威对将近800位科技行业高管进行了问卷调查。报告显示，美国仍然是技术创新中心但其他地区正在崛起。在技术创新方面，上海成为排名第1位的城市，东京上升1位排名第2位，其后的是伦敦、纽约、北京、新加坡、首尔、班加罗尔、特拉维夫、柏林、悉尼、波士顿、芝加哥、多伦多、香港和深圳。

2. 2thinknow《2018全球创新城市指数》

澳大利亚智库2thinknow最新发布《2018全球创新城市指数》(*Innovation Cities™ Index 2018: Global*)，日本东京居冠，其次为英国伦敦和美国旧金山市。上海位列第35位(较上期排名下降3位)、北京37位(较上期排名下降7位)、深圳55位(较上期排名上升14位)。

评价体系分为三大类别：一级指标包括文化资产、人文基础设施和网络化市场；二级指标按照行业门类进行考量，共31个行业门类，涵盖了经济、产业和社会方面；三级指标则对31个行业进一步细化，形成162项关键绩效指标。通过这些指标衡量评估一个城市促进和培育创新的潜力。

3. 日本森纪念财团《2017全球城市实力指数》

2017年10月，隶属于日本森纪念财团由森大厦株式会社创立的城市战略研究所发布了《2017 全球城市实力指数》(*Global Power City Index 2017*，GPCI)报告。在 2017 年 GPCI 中，伦敦、纽约、东京、巴黎、新加坡、首尔、阿姆斯特丹、柏林、香港和悉尼位列前十，是名副其实的“全球城市”。其中，前五位城市已经连续 9 年盘踞前五的位置，而悉尼、洛杉矶、北京等城市则排名大幅上升。从地区方面看，欧洲城市主要在宜居性和环境方面占较大优势，亚洲城市则在经济方面取得较高得分。

指标体系设计上，全球城市实力指数使用了经济、研发、文化互动、宜居性、环境、交通便利 6 项一级指标、27 项二级指标和 70 项三级指标。其中研发一级指标细分了学术资源、研究背景、研究成果 3 项二级指标和研究人员的人数、世界前 200 大学、数学和科学学术绩效、接受外国研究人员的意愿度、研发支出、专利数量、获得知名奖项的数量(科技相关领域)、研究人员之间的互动机会 8 项三级指标。

4. 普华永道《机遇之都 7》

2016 年 9 月，普华永道发布了《机遇之都 7》报告。报告从经济实力、改变世界的工具和生活质量三个方面的 10 个维度考察了全球 30 个具有代表性的区域经济中心城市。该报告指出城市的成功取决于社会和经济的平衡发展。城市综合排名中，伦敦、新加坡、多伦多排名前三，上海和北京分别排在第 19 和第 21 位。分榜单排名中，上海和北京分别在智力资本和创新维度排名第 19 和第 16 位，在门户城市和经济影响力两个维度居前十。

指标体系设计上，《机遇之都 7》继续沿用了其首创的 10 个维度，并把它们分成不同的三组。第一组涵盖的三个维度——智力资本和创新、技术成熟度以及门户城市——他们是全球化和知识型世界中城市愈发依赖的工具。第二组是评估城市生活质量的四个维度：交通和基础设施；健康、安全和治安；可持续发展和自然环境；以及人口结构特征和宜居性。最后一组是用于衡量城市经济效能的三个维度：经济影响力、宜商环境以及成本，共有 67 个数据变量。

5. 上海市信息中心《2017 全球科技创新评估报告》

2017 年 12 月 22 日，上海市信息中心基于自身构建的评价指标体系，发布了《2017 全球科技创新评估报告》，上海位列全球科技创新中心综合评分百强城市第 17 位，另有 7 个中国城市同时上榜，即北京、香港、深圳、台北、广州、杭州和天津，分别位列第 9、18、33、40、41、77 和 91 位。上海市信息中心构建的指标体系包含了基础研究、创新环境、创新经济、产业技术 4 个一级指标和 25 个二级指标。

该报告选取了全球知名度较高、经济较发达、创新力较强的 165 个城市和都市圈作为评估范围。这 165 个城市和都市圈人口不足全球总人口的 1/10，面积不足全球陆地总面积的 1/1 000，但拥有全球前 200 高校数量、发表 SCI 论文总数、VC 投资额等指标均达到或超过了全球总额的60%,GDP总量约占全球总量的1/3。这充分体现出全球科技创新中心具有高集聚性和高产出性。

2.2 本研究创新点

本研究与国内外类似城市研究相比,有相同点也有不同之处。相同之处在于,均以城市创新能力评价为研究目的,选取有限的城市样本展开研究,设计指标体系,形成城市创新能力评价及相应排名。不同之处体现在研究方法、采用的数据等方面。本研究主要创新点如下。

1. 评价方法

国内外的同类研究与本研究相比,虽然最后均形成城市创新评价指标体系,形成城市排名,但方法有所不同。国外的研究中,有采用问卷调查的方法,如毕马威《全球科技创新报告(2018)》,有采用统计数据的方法如日本森纪念财团《2017全球城市实力指数》等。

本研究从两条研究主线展开城市科技创新能力研究。主线一,以国际著名机构最新发布的榜单及国际排名为基础,转换到城市视角,从多个角度考察城市科技创新能力。主线二,采用专利、学术论文的数十项指标为基础,进行文献计量分析,较为全面地评价城市科技创新能力。其中,专利揭示技术创新能力、学术论文揭示学术创新能力。

2. 使用的数据

国内外城市创新评价研究使用的指标很多来自统计资料。一般来讲,统计数据均会有一定时间的时滞,无法很好地反映最新的情况。并且,许多关于城市的指标,统计资料难以查到,实际运用中不少采用估算的方法,误差较大。

本研究采用专利、学术论文等事实性数据,具有数据量大(PCT专利库与SCI、CPCI论文库合计数据量达数千万条)、数据更新周期短的特点,采用定量分析方法,使得统计的时滞较短、误差较小。确保研究结果的准确性、实时性和可重复性。

第3章

主要发现

3.1 城市科技创新能力综合排名

综合排名显示，北京受益于极高创新增速、众多领先的学术创新机构和顶尖科学家、庞大的学术研究成果以及领先的创新合力（图 3.1，柱状图依次为创新趋势、创新热点、创新质量、创新主体和创新合力），在 20 个城市中综合科技创新能力排名第 1 位。波士顿拥有领先的技术创新和学术创新质量，综合排名第 2 位。排名第 3 位的东京，拥有大批领先企业，在新兴技术研发方面领先全球（图 3.2）。

在 20 个城市中，上海的综合排名在第 15 位。分项排名上，上海在专利和论文年度复合增长率、学术论文数量和创新趋势指标上排名较好。同时得益于学术论文基金支持力度较大，专利合作申请比率较高，在创新合力排名方面也表现较好。而在专利和论文为代表的创新的质量上存在短板，在新兴技术的投入与产出上稍显不足。

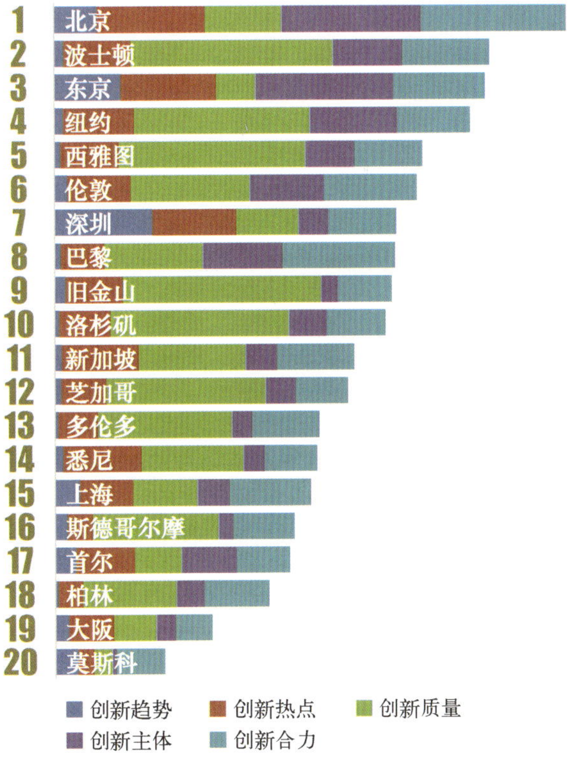

图 3.1 20 个城市科技创新能力综合排名

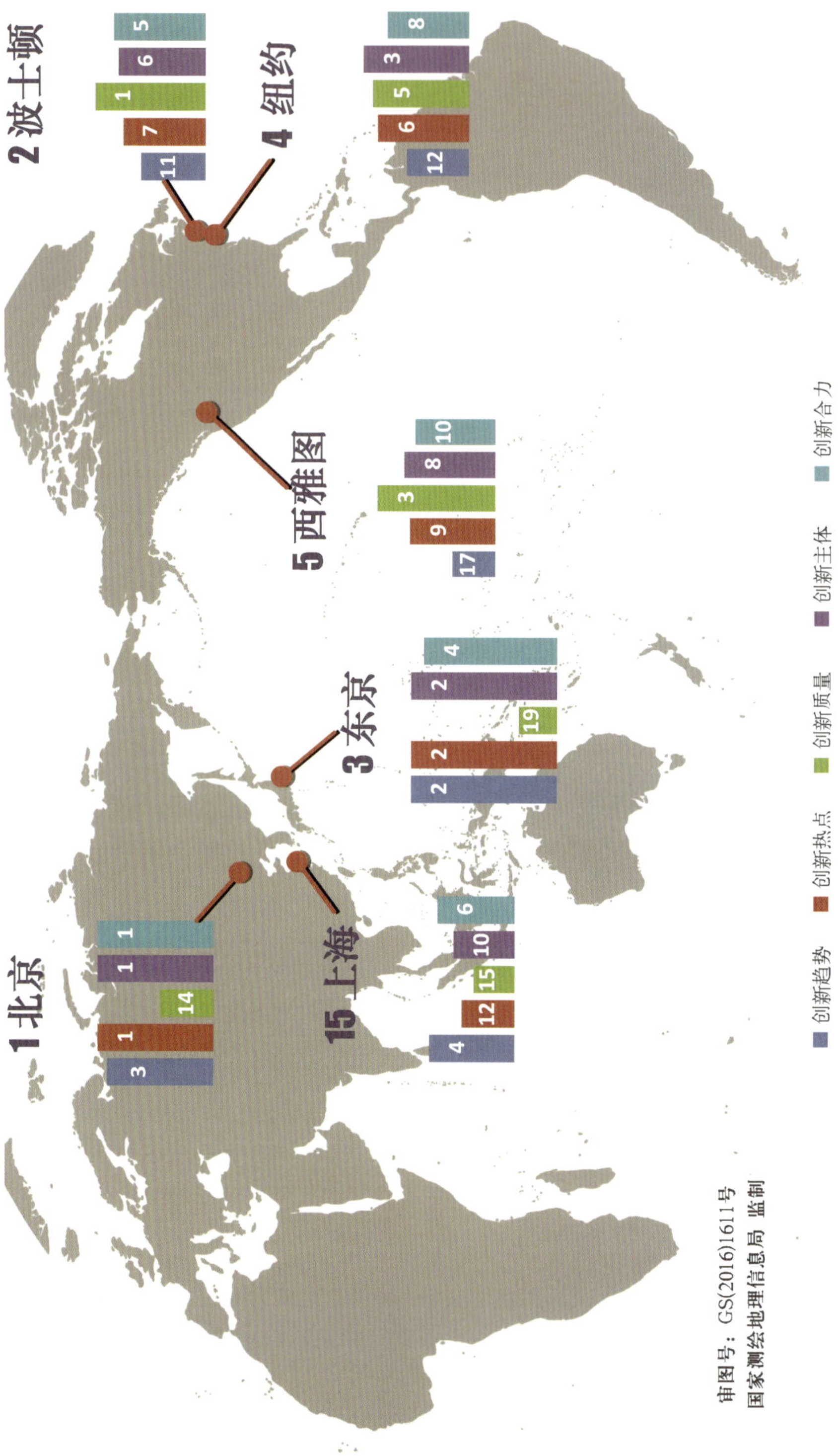

图 3.2 领先城市科技创新能力及上海对比

3.2　基于国际榜单的城市排名

基于国际榜单的城市排名研究中，课题组以十大新兴技术、全球顶尖科学家、领先技术研发机构和领先学术研究机构、高质量论文和专利的国际榜单或排名为基础，形成如下相应的城市排名。

1. 新兴技术领域城市技术研发排名(20个城市)——东京、深圳、纽约领先

课题组通过分析Gartner 2018年十大战略科技、《麻省理工科技评论》2018年全球十大突破性技术等榜单，筛选出10项新兴技术，包括石墨烯、无人驾驶、无人机、人工智能、精准医疗、量子计算、基因编辑、虚拟现实、区块链、边缘计算。从每一项新兴技术出发，考察20个城市PCT专利数量，并进行排名。

通过10项新兴技术在20个城市PCT专利申请排名情况，考察城市对新兴技术产业研发的支持。从10项新兴技术专利分项排名上看，东京表现最为突出，有9项新兴技术专利数量排名前五，其中7项排名第一，反映东京新兴技术发展较为全面。北京、深圳各7项，排名前五;旧金山、纽约各5项，首尔4项，巴黎、波士顿、伦敦各3项。

考察国内3个城市，深圳新兴技术领域技术研发最为突出，尤其在无人机领域位居首位，在人工智能、区块链、无人驾驶汽车、虚拟现实和边缘计算领域排名第2位，石墨烯领域排名第3位。与《2017国际大都市科技创新能力评价》报告相比，在人工智能和虚拟现实领域，分别从第4位和第5位跃升至第2位。在石墨烯领域，从第5位升至第3位。

北京在无人驾驶、量子计算、虚拟现实和边缘计算领域排名第4，在人工智能、无人机、石墨烯领域位居第5。上海在新兴技术领域技术研发方面表现并不突出，新兴技术各排名中未进入前五，从十大新兴技术专利数量上看，排名处于20个城市中间偏后的位置(图3.3)。

2. 新兴技术领域城市学术研究排名(20个城市)——北京、东京、上海表现亮眼，上海聚焦石墨烯、人工智能技术

课题组通过分析Gartner 2018年十大战略科技、《麻省理工科技评论》2018年全球十大突破性技术等榜单，筛选出10项新兴技术。针对每一项新兴技术，考察20个城市SCI、CPCI学术论文数量，并进行排名。

从20个城市新兴技术论文数量前5位排名上看，北京表现最为突出，在10项新兴技术中有9项技术的论文数量排名第1位，反映北京在新兴技术学术研究上占据全球领先地位，且研究领域较为全面。

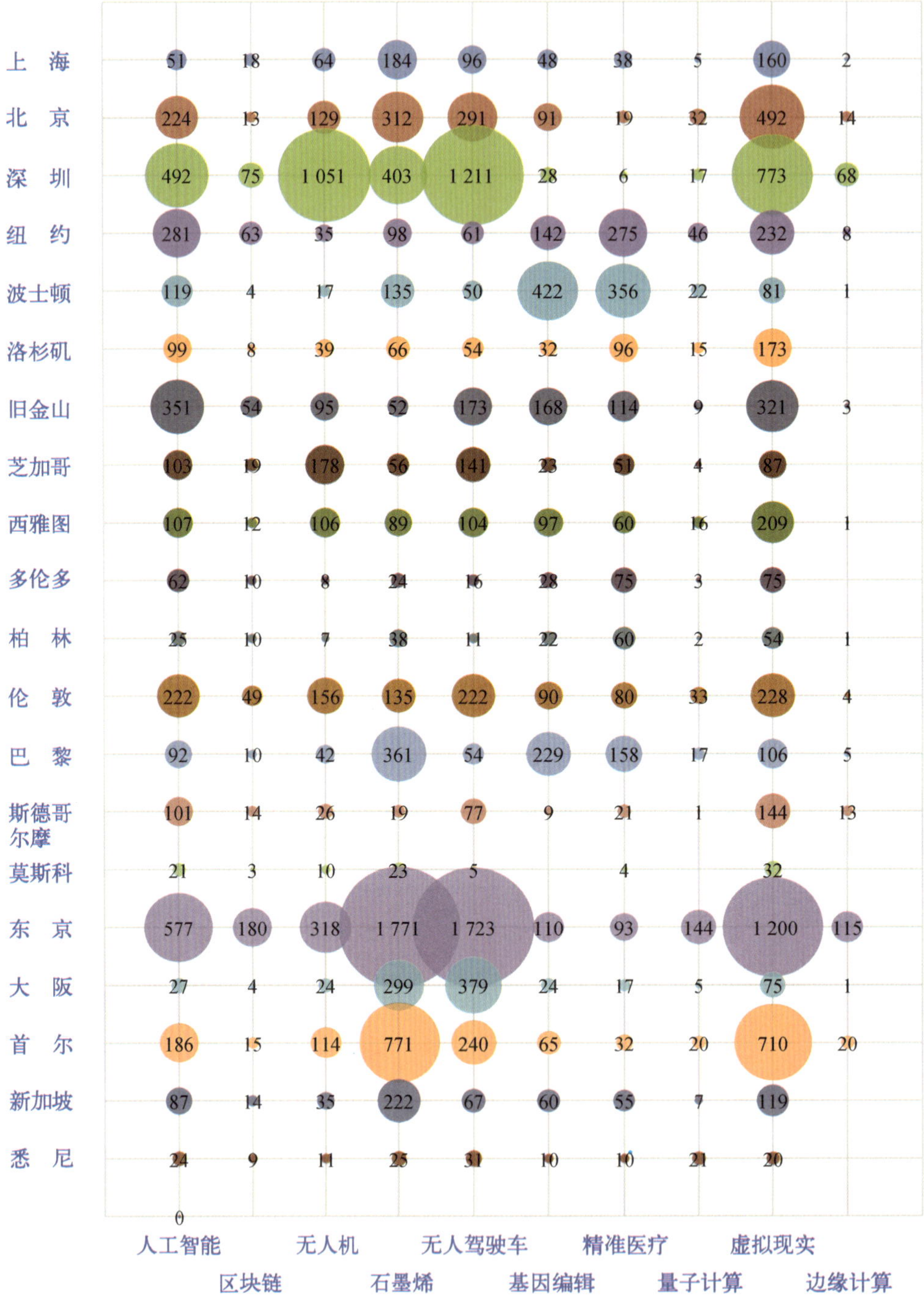

图 3.3　十大新兴技术领域 20 城市 PCT 专利数量

上海在 10 项新兴技术论文数量前五排名中占据 6 项，其中石墨烯技术排名第 2 位，人工智能技术排名第 3 位，基因编辑、区块链、边缘计算排名第 4 位，无人机技术排名第 5 位。反映上海在新兴技术学术研究能力较强，研究成果丰富，研究总体上分布较为均衡，与《2017 国际大都市科技创新能力评价》报告相比，总体排名基本相当。

东京在新兴技术论文数量前五排名中，以占据 7 项紧随北京之后，反映东京在新兴技术学术研究论文数量方面全球居前。波士顿在医学方面具有较强实力，在两个生物医学相关的精准医疗和基因编辑技术中，波士顿分别排名第 1 位和第 2 位，体现出波士顿在医学领域具有优势。

表 3.1　十大新兴技术 20 个城市 PCT 专利排名(一)

排名	人工智能		区块链		无人机		石墨烯		无人驾驶汽车	
	城市	PCT 专利	城市	PCT 专利	城市	PCT 专利	城市	PCT 专利	城市	PCT 专利
1	东　京	577	东　京	180	深　圳	1 051	东　京	1 771	东　京	1 723
2	深　圳	492	深　圳	75	东　京	318	首　尔	771	深　圳	1 211
3	旧金山	351	纽　约	63	芝加哥	178	深　圳	403	大　阪	379
4	纽　约	281	旧金山	54	伦　敦	156	巴　黎	361	北　京	291
5	北　京	224	伦　敦	49	北　京	129	北　京	312	首　尔	240

表 3.2　十大新兴技术 20 个城市 PCT 专利排名(二)

排名	基因编辑		精准医疗		量子计算		虚拟现实		边缘计算	
	城市	PCT 专利	城市	PCT 专利	城市	PCT 专利	城市	PCT 专利	城市	PCT 专利
1	波士顿	422	波士顿	356	东　京	144	东　京	1 200	东　京	115
2	巴　黎	229	纽　约	275	纽　约	46	深　圳	773	深　圳	68
3	旧金山	168	巴　黎	158	伦　敦	33	首　尔	710	首　尔	20
4	纽　约	142	旧金山	114	北　京	32	北　京	492	北　京	14
5	东　京	110	洛杉矶	96	波士顿	22	旧金山	321	斯德哥尔摩	13

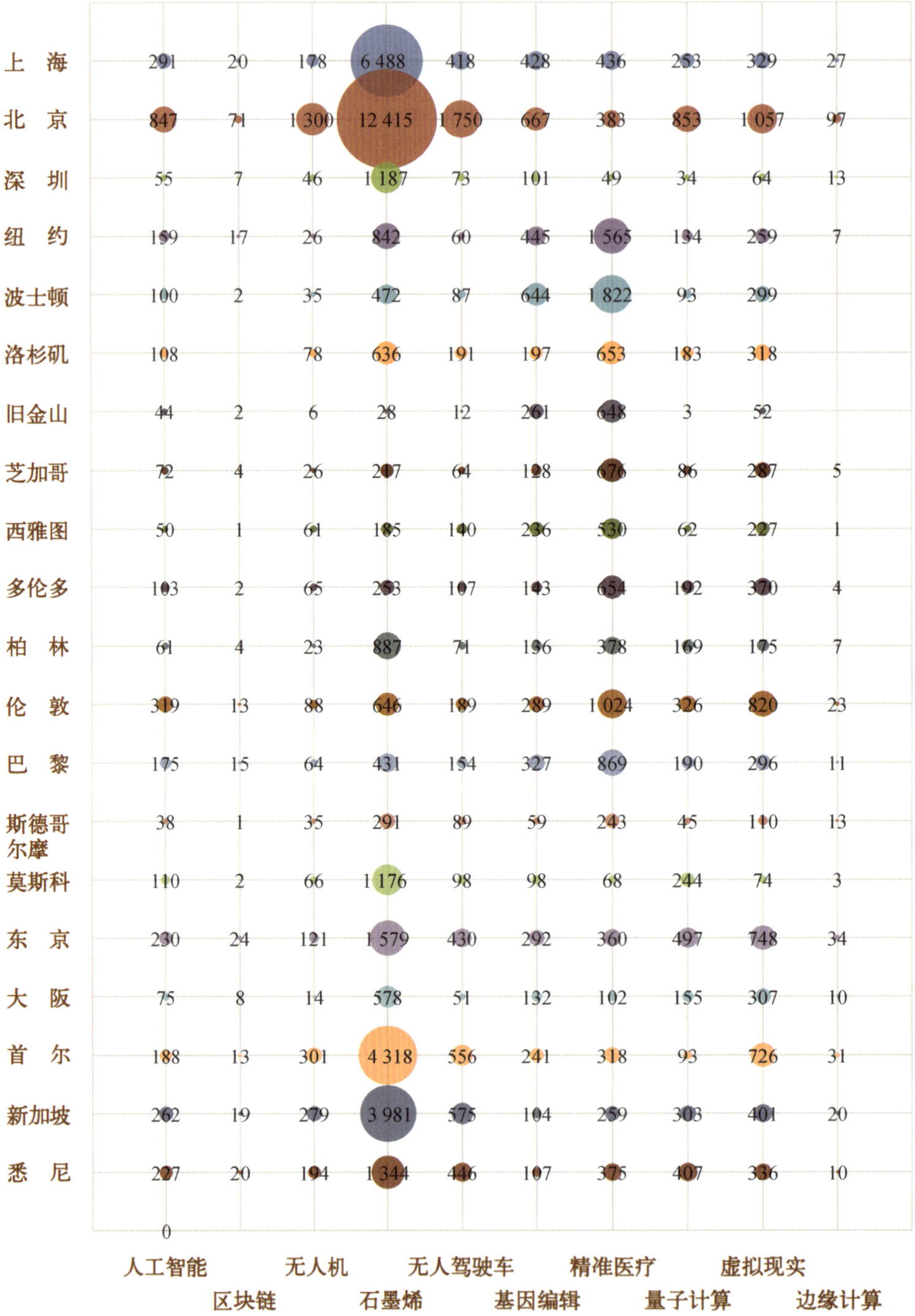

图 3.4　十大新兴技术 20 城市论文数量

表 3.3 十大新兴技术 20 个城市论文数量排名(一)

排名	人工智能		区块链		无人机		石墨烯		无人驾驶汽车	
	城市	论文	城市	论文	城市	论文	城市	论文	城市	论文
1	北　京	847	北　京	71	北　京	1 300	北　京	12 415	北　京	1 750
2	伦　敦	319	东　京	24	首　尔	301	上　海	6 488	新加坡	575
3	上　海	291	悉　尼	20	新加坡	279	首　尔	4 318	首　尔	556
4	新加坡	262	上　海	20	悉　尼	194	新加坡	3 981	悉　尼	446
5	东　京	230	新加坡	19	上　海	178	东　京	1 579	东　京	430

表 3.4 十大新兴技术 20 个城市论文数量排名(二)

排名	基因编辑		精准医疗		量子计算		虚拟现实		边缘计算	
	城市	论文	城市	论文	城市	论文	城市	论文	城市	论文
1	北　京	667	波士顿	1 822	北　京	853	北　京	1 057	北　京	97
2	波士顿	644	纽　约	1 565	东　京	497	伦　敦	820	东　京	34
3	纽　约	445	伦　敦	1 024	悉　尼	407	东　京	748	首　尔	31
4	上　海	428	巴　黎	869	伦　敦	326	首　尔	726	上　海	27
5	巴　黎	327	芝加哥	676	新加坡	303	新加坡	401	伦　敦	23

3. 基于高质量专利的城市排名(20 个城市)——北京、深圳、东京领先

2015—2017 年公开的 PCT 专利中,筛选 20 个城市中被引次数大于 10 次(包括)的专利数量,建立 20 个城市排名。排名显示,北京、深圳、东京为 20 个城市中拥有高质量 PCT 专利数量最多的三个城市,上海排名第 9 位(表 3.5)。

表 3.5 基于高质量专利城市排名(20 个城市)

排名	城　市	专利数量	排名	城　市	机构数量	排名	城　市	专利数量
1	北　京	272	8	斯德哥尔摩	58	15	西雅图	19
2	深　圳	205	9	上　海	46	16	新加坡	7
3	东　京	155	10	洛杉矶	37	17	柏　林	6
4	首　尔	84	11	伦　敦	32	18	悉　尼	1
5	纽　约	67	12	芝加哥	29	19	多伦多	0
5	旧金山	67	13	大　阪	22	19	莫斯科	0
7	波士顿	65	14	巴　黎	20			

4. 基于高质量论文的城市排名(20 个城市)——北京、波士顿、纽约领先

2015—2017 年 SCI、CPCI 论文中筛选被 ESI 收录各城市的高质量论文，建立 20 个城市排名。排名显示，北京、波士顿、纽约为 20 个城市中拥有高质量论文数量最多的 3 个城市，上海排名第 6 位(表 3.6)。

表 3.6 基于高质量论文城市排名(20 个城市)

排名	城　市	论文数量	排名	城　市	机构数量	排名	城　市	论文数量
1	北　京	3 220	8	洛杉矶	1 325	15	斯德哥尔摩	852
2	波士顿	2 895	9	芝加哥	1 325	16	柏　林	835
3	纽　约	2 688	10	多伦多	1 276	17	东　京	791
4	伦　敦	2 618	11	旧金山	1 099	18	莫斯科	495
5	巴　黎	1 554	12	新加坡	1 070	19	深　圳	397
6	上　海	1 500	13	悉　尼	1 021	20	大　阪	177
7	西雅图	1 357	14	首　尔	926			

5. 基于领先研发机构的全球城市排名——东京一枝独秀

寻找 2017 年 PCT 专利公开量领先的前 500 家机构，将其总部与城市映射，将城市中领先机构数量作为考察城市技术创新能力的一个视角。在领先研发机构数量全球城市前 20 位排名中，我国入围 5 个城市共 43 家领先机构、日本入围 4 个城市共 111 家领先机构。日本东京以较大优势领先其他城市。我国深圳和北京居第 2、3 位。在领先研发机构数量 20 个样本城市排名中，东京、深圳和北京排名前三位(表 3.7、表 3.8)。

表 3.7 基于领先研发机构的全球城市排名

排名	城　市	机构数量	国　家	代　表　机　构
1	东　京	86	日　本	三菱电机、索尼、日本电气、富士胶片
2	深　圳	18	中　国	华为、中兴通讯、腾讯科技
3	北　京	15	中　国	京东方、乐视控股、小米
4	巴　黎	14	法　国	法国国家科学研究中心、法雷奥热系统公司、原子能和替代能源委员会
5	大　阪	13	日　本	NTN 株式会社、住友化学株式会社、日东电工株式会社
6	慕尼黑	10	德　国	西门子、宝马汽车、欧司朗股份公司

续 表

排名	城 市	机构数量	国 家	代 表 机 构
6	首 尔	10	韩 国	LG、三星、首尔国立大学
8	京 都	8	日 本	欧姆龙、京瓷、日本电产
8	纽 约	8	美 国	菲利普莫里斯国际、万事达卡
10	伦 敦	7	英 国	联合利华、葛兰素史克
11	上 海	4	中 国	上海斐讯数据通信技术、中国银联
11	斯德哥尔摩	4	瑞 典	爱立信公司、伊莱克斯、美安公司
11	刈 谷	4	日 本	电装、爱信精机
12	巴塞尔	3	瑞 士	罗氏公司、诺华公司
12	都柏林	3	爱尔兰	美敦力公司、伊顿公司
12	广 州	3	中 国	华南理工大学、广州视瑞电子科技
12	海 牙	3	荷 兰	壳牌、GeoQuest Systems
12	汉诺威	3	德 国	大陆集团、威伯科
12	杭 州	3	中 国	阿里巴巴、海康威视数字技术
12	新加坡	3	新加坡	新加坡科技研究局、南洋理工大学

表 3.8 基于领先研发机构的城市排名(20 个城市)

排名	城 市	机构数量	排名	城 市	机构数量	排名	城 市	机构数量
1	东 京	86	8	伦 敦	7	13	西雅图	2
2	深 圳	18	9	上 海	4	16	旧金山	1
3	北 京	15	9	斯德哥尔摩	4	16	芝加哥	1
4	大 阪	14	11	柏 林	3	18	多伦多	0
5	巴 黎	13	11	新加坡	3	18	莫斯科	0
6	首 尔	10	13	波士顿	2	18	悉 尼	0
7	纽 约	8	13	洛杉矶	2			

6. 基于领先学术机构的全球城市排名——北京、巴黎、首尔领先

寻找 2017 年里高质量论文(SCI、CPCI 数据库中)发表最多的前 500 家机构，将

这些机构总部与城市一一对应，通过领先机构数量作为评价城市学术创新能力的一个视角。

在领先学术机构全球城市排名中，北京、巴黎和首尔排名前三。美国入围 7 个城市共 34 家领先学术机构。中国的北京、上海、南京和中国香港进入前 20 共计 36 家领先学术机构，也体现出目前国内学术水平最高的 4 个聚集点。在领先学术机构数量 20 个样本城市排名中，北京、巴黎、首尔排名前三位。

表 3.9　基于领先学术机构全球城市排名

排名	城　市	机构数量	国　家	代　表　机　构
1	北　京	19	中　国	中国科学院大学、清华大学、北京大学
2	巴　黎	10	法　国	巴黎第六大学、国家农业研究院、巴黎第十一大学
2	首　尔	10	韩　国	首尔大学、延世大学、高丽大学
4	纽　约	7	美　国	哥伦比亚大学、纽约大学、纽约州立大学布法罗分校
4	波士顿	7	美　国	麻省总医院、波士顿大学、塔夫茨大学
6	上　海	6	中　国	上海交通大学、复旦大学、同济大学
6	南　京	6	中　国	南京大学、东南大学
8	伦　敦	5	英　国	伦敦大学学院、伦敦帝国学院、伦敦国王学院
8	香　港	5	中　国	香港大学、香港中文大学、香港理工大学
10	罗　马	4	意大利	意大利国家研究委员会、罗马大学
10	巴尔的摩	4	美　国	约翰・霍普金斯大学、马里兰大学巴尔摩分校
10	亚特兰大	4	美　国	埃默里大学、佐治亚理工学院
10	费　城	4	美　国	费城儿童医院、宾夕法尼亚大学、天普大学
10	休斯敦	4	美　国	安德森癌症中心、贝勒医学院
10	芝加哥	4	美　国	芝加哥大学、伊利诺伊大学芝加哥分校
10	德黑兰	4	伊　朗	伊斯兰阿扎德大学、德黑兰大学
10	巴塞罗那	4	西班牙	巴塞罗那大学、巴塞罗那自治大学
10	米　兰	4	意大利	米兰大学、米兰理工大学
10	柏　林	4	德　国	柏林自由大学、柏林洪堡大学
20	东　京	3	日　本	东京大学、东京工业大学、庆应义塾大学

表 3.10 基于领先学术机构的城市排名(20 个城市)

排名	城 市	机构数量	排名	城 市	机构数量	排名	城 市	机构数量
1	北 京	19	8	芝加哥	4	13	斯德哥尔摩	2
2	巴 黎	10	9	柏 林	4	16	西雅图	1
3	首 尔	10	10	东 京	3	16	旧金山	1
4	纽 约	7	10	新加坡	3	16	莫斯科	1
4	波士顿	7	12	悉 尼	3	16	深 圳	1
6	上 海	6	13	多伦多	2	20	大 阪	0
7	伦 敦	5	13	洛杉矶	2			

7. 基于顶尖科学家全球城市排名——美国占过半席位,北京排名第 2 位

寻找近十年来各学科领域的顶尖科学家,按城市拥有顶尖科学家的数量作为考察城市创新能力的一个视角。全球城市拥有顶尖科学家数量前 20 排名中,美国以 12 个城市占据过半席位(共计 747 位顶尖科学家),充分展现了美国对顶尖人才的吸引力。英国 3 个城市入榜(共计 171 位顶尖科学家),中国 2 个城市入榜(共计 117 位顶尖科学家)。美国剑桥得益于哈佛大学和麻省理工学院诸多科学家,以大比分领先。北京较上一期榜单排名提升 2 个位次,位居第 2 位,顶尖科学家也由第 70 位提升至第 87 位。上海未列入全球前 20 排名,在本研究的 20 个样本城市中排在第 16 位(表 3.11、表 3.12)。

表 3.11 基于顶尖科学家全球城市排名

排名	城 市	科学家数量	国家	排名	城 市	科学家数量	国家
1	剑桥(美国)	159	美国	11	华盛顿特区	54	美国
2	北 京	87	中国	12	圣迭戈	49	美国
3	纽 约	80	美国	13	巴 黎	44	法国
4	伦 敦	72	英国	14	洛杉矶	42	美国
5	贝塞斯达	69	美国	14	伯克利	41	美国
6	波士顿	67	美国	16	牛 津	40	英国
7	西雅图	63	美国	17	墨尔本	36	澳大利亚
8	剑桥(英国)	59	英国	18	费 城	35	美国
9	慕尼黑	58	德国	19	达勒姆	33	美国
10	斯坦福	55	美国	19	香 港	30	中国

表 3.12　基于顶尖科学家排名(20 城市)

排名	城　市	科学家数量	排名	城　市	机构数量	排名	城　市	科学家数量
1	北　京	87	8	新加坡	26	15	首　尔	14
2	纽　约	80	9	芝加哥	25	16	上　海	11
3	伦　敦	72	10	多伦多	20	17	斯德哥尔摩	4
4	波士顿	67	11	旧金山	18	18	深　圳	3
5	西雅图	63	12	悉　尼	17	19	莫斯科	2
6	巴　黎	44	13	柏　林	16	20	大　阪	1
7	洛杉矶	42	13	东　京	16			

3.3　基于专利论文的 5 维度城市评价

1. 创新态势——深圳、东京、北京排名领先

(1) 专利技术发展态势——东京、深圳数量领先，北京、深圳、上海增速领先。2017 年 20 城市公开的 PCT 专利中，东京以 2.5 万多项遥遥领先，深圳、北京、首尔分别为第 2 至第 4 位。从近十年和近三年 PCT 专利公开量年度复合增长率上看，北京、深圳、上海在短期和中长期增长率上领先其他城市，而欧美城市如纽约、波士顿、旧金山、芝加哥、西雅图、柏林、伦敦等，中长期存在不同程度的负增长，但短期有所改善，不少城市短期出现正增长。东京、大阪、巴黎、新加坡则呈现长期增长而短期增长减缓，甚至出现负增长的现象(图 3.5)。

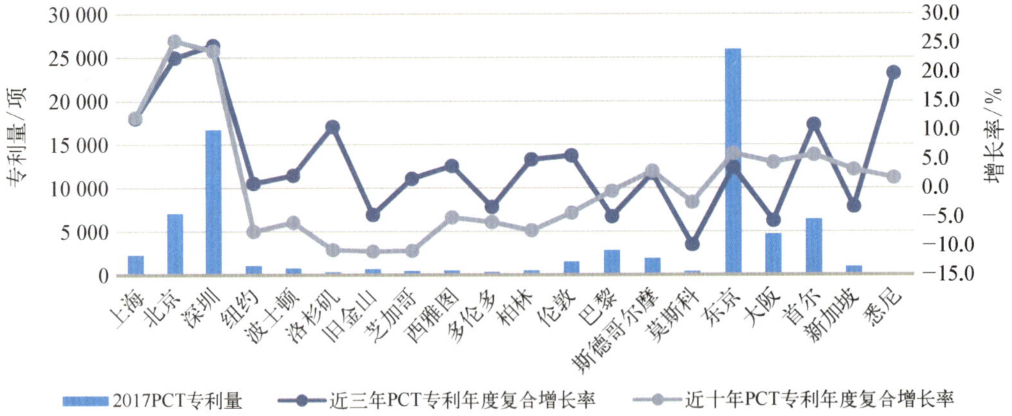

图 3.5　2017 年 PCT 专利公开数量及年度复合增长率

(2) 学术论文发展态势——北京、上海数量领先，全球增速趋缓。2017 年 20 个城市发表的 SCI、CPCI 学术论文数量上，北京拔得头筹，上海次之，伦敦排在第 3。从近十年复合增长率上看，深圳、上海、北京以较高增速领先全球。从近三年复合增长率上看，除莫斯科、东京、大阪外，全球 17 个城市增速有趋缓或负增长的趋势(图 3.6)。

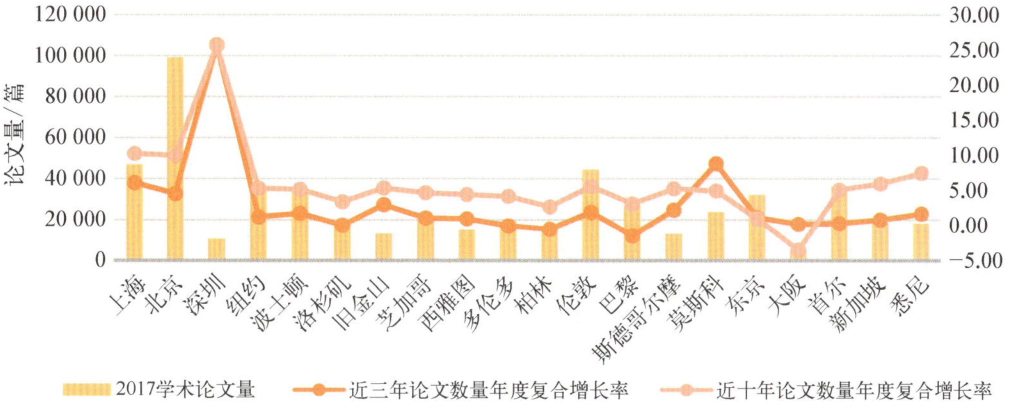

图 3.6 2017 年论文发表量及年度复合增长率

2. 创新热点——信息技术、医药医疗成为热点，信息技术更受重视

(1) 专利技术热点——信息技术更受重视。2017 年 20 个城市 PCT 专利热点技术，包括含数据输入输出装置、数据交换网络、光控制、数字计算或数据处理设备及方法、数字信息传输设备、含有机有效成分医药配制品、无线本地资源管理、电视系统零部件、半导体器件、可选的内容分发等技术。与 2012—2016 年 PCT 专利热点技术相比，信息技术比以往受到更多重视。内容分发技术替代了有机有源固态器件技术进入第 10 位。半导体器件技术从第 2 位后退至第 9 位(图 3.7)。

20 个城市技术研发有各自热点方向，主要分为信息技术、医药制品、电池、半导体器件、化妆品等。其中上海、波士顿、纽约、洛杉矶、西雅图、柏林、莫斯科、悉尼等城市偏重医药制品的研发。深圳、北京、旧金山、芝加哥、斯德哥尔摩、首尔偏重信息技术研发。东京、新加坡侧重半导体器件研发。巴黎、伦敦侧重化妆品或梳妆品的研发。大阪和首尔侧重电池技术的研发(表 3.13)。

(2) 学术论文热点研究——工程电子与电气、肿瘤学成为两大热点领域。2017 年 20 个城市 SCI、CPCI 学术论文十大的研究热点，包括工程电子与电气、肿瘤学、材料科学多学科、多学科科学、化学多学科、神经科学、应用物理、临床神经学、生物化学与分子生物学、物理化学。与 2012—2016 年学术研究热点相比，医学相关研究热点有所增强，肿瘤学前进了一位至第 2 位，临床神经学替代了外科学排名第 8 位(图 3.8)。

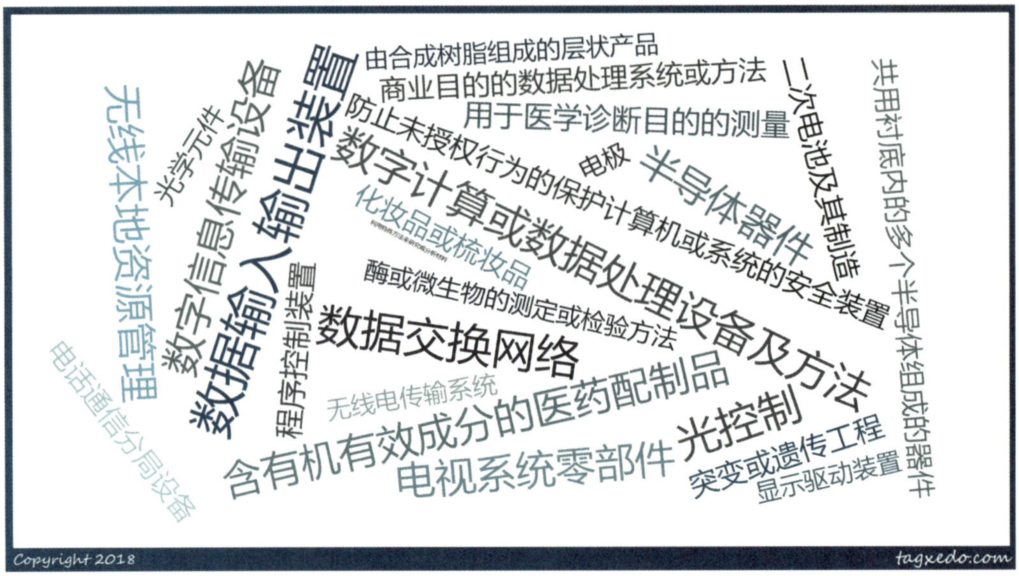

图 3.7 2017 年 20 个城市 PCT 专利技术热点云图

表 3.13 2017 年 20 个城市主要专利热点技术

	城 市	主 要 热 点 技 术		城 市	主 要 热 点 技 术
1	上 海	含有机有效成分医药配制品 抗肿瘤药	11	柏 林	含有机有效成分医药配制品 抗肿瘤药
2	北 京	光控制 数据输入输出装置	12	伦 敦	化妆品或梳妆品 含有机有效成分医药配制品
3	深 圳	数据交换网络 数字信息传输装置	13	巴 黎	化妆品或梳妆品 含有机有效成分医药配制品
4	纽 约	含有机有效成分医药配制品 化妆品或梳妆品	14	斯德哥尔摩	无线本地资源管理 数据交换网络
5	波士顿	含有机有效成分医药配制品 突变或遗传工程	15	莫斯科	含有机有效成分的医药配制品
6	洛杉矶	含有机有效成分医药配制品	16	东 京	半导体器件及制造方法、设备 电视系统零部件
7	旧金山	数字计算或数据处理 支付体系的数据处理	17	大 阪	二次电池及其制造 含有机有效成分医药配制品
8	芝加哥	数据输入输出装置	18	首 尔	无线本地资源管理 二次电池及其制造
9	西雅图	具有多于 20 个氨基酸的肽 含有抗原或抗体医药配制品	19	新加坡	半导体器件及制造方法、设备
10	多伦多	用于医学诊断目的的测量 计算机辅助手术;手术机器人	20	悉 尼	含有机有效成分医药配制品

图 3.8　2017 年 20 个城市学术论文研究热点云图

20 个城市学术研发有各自热点方向，主要分为工程电子与电气、医药医疗、材料科学等。北京、上海、首尔、新加坡侧重工程电子与电气、材料科学研究。波士顿、纽约、洛杉矶、芝加哥、旧金山、西雅图、多伦多、巴黎、大阪等城市侧重肿瘤学研究（表 3.14）。

表 3.14　2017 年 20 个城市主要学术论文研究热点

	城　市	主要热点技术		城　市	主要热点技术		城　市	主要热点技术
1	上　海	工程电子与电气 材料科学	8	芝加哥	肿瘤学 外科学	15	莫斯科	应用物理 工程电子与电气
2	北　京	工程电子与电气 材料科学	9	西雅图	肿瘤学 多学科科学	16	东　京	工程电子与电气 肿瘤学
3	深　圳	工程电子与电气 材料科学	10	多伦多	肿瘤学 临床神经学	17	大　阪	肿瘤学 工程电子与电气
4	纽　约	肿瘤学 外科学	11	柏　林	工程电子与电气 多学科科学	18	首　尔	工程电子与电气 材料科学
5	波士顿	肿瘤学 临床神经学	12	伦　敦	神经科学 临床神经学	19	新加坡	工程电子与电气 材料科学
6	洛杉矶	肿瘤学 外科学	13	巴　黎	肿瘤学 多学科科学	20	悉　尼	工程电子与电气 神经科学
7	旧金山	肿瘤学 临床神经学	14	斯德哥尔摩	多学科科学 工程电子与电气			

3. 创新质量——波士顿、旧金山、西雅图排名领先

(1) 专利质量——波士顿、洛杉矶居前，北京、上海有所提升。使用等权重方法，对 20 个城市 2015—2017 年公开的 PCT 专利，使用同族专利平均规模、平均权利要求数量、平均被引数量以及被引次数在 10 次以上的高质量论文这 4 个指标对城市专利质量进行评价。结果显示，波士顿、洛杉矶、旧金山的专利质量在 20 城市中位居前三位。北京排名第 8 位，与 2012—2016 年专利质量相比有较大提升，从排名(12 个城市)第 9 位升至本次(20 个城市)的第 8 位。深圳排名仍位于最后一位。上海排名第 13 位，较 2012—2016 年排名有小幅提升。分指标上看，上海的失分主要在于平均权利要求数量、平均被引用数量上以及高质量专利占比方面(表 3.15)。

表 3.15　20 城市 PCT 专利平均质量(2015—2017 年)

排名	城　市	同族专利平均规模	平均权利要求数量	平均被引数量	被引 10 次及以上的专利占比/%	得分
1	波士顿	4.01	42.77	1.30	2.84	0.78
2	洛杉矶	3.79	26.75	1.65	3.90	0.75
3	旧金山	4.40	29.58	1.25	2.93	0.73
4	纽　约	4.67	31.52	0.93	2.07	0.68
5	芝加哥	4.30	23.76	1.19	2.33	0.63
6	西雅图	4.25	37.13	0.61	1.36	0.57
7	多伦多	4.48	32.31	0.25	0.00	0.42
8	北　京	3.84	16.90	0.90	1.61	0.42
9	伦　敦	4.36	23.11	0.45	0.76	0.41
10	斯德哥尔摩	3.45	24.87	0.62	1.02	0.34
11	柏　林	4.31	15.96	0.33	0.40	0.31
12	悉　尼	3.70	30.45	0.22	0.19	0.30
13	上　海	3.67	16.67	0.55	0.75	0.28
14	巴　黎	4.24	15.38	0.27	0.22	0.27
15	新加坡	3.72	23.45	0.30	0.25	0.26
16	首　尔	3.99	14.71	0.35	0.48	0.26
17	东　京	4.18	11.47	0.29	0.20	0.24
18	大　阪	4.07	9.80	0.24	0.15	0.20
19	莫斯科	3.28	24.27	0.09	0.00	0.16
20	深　圳	2.96	17.64	0.39	0.51	0.14

(2) 论文质量——西雅图、波士顿领先全球。论文质量使用 SCI、CPCI 论文平均被引用数量、ESI 高质量论文比重两个指标来评价城市学术研究质量。结果显示，西雅图、旧金山、波士顿的论文质量在 20 城市中位居前三位。深圳、上海、北京分别位于第 14～16 位，与 2012—2016 年位次相比，总体相当(表 3.16)。

表 3.16　20 城市论文平均质量(2015—2017 年)

排名	城　市	论文平均被引数量	ESI 论文比重/%	得分
1	西雅图	7.93	2.98	1.00
2	旧金山	7.65	2.81	0.93
3	波士顿	7.66	2.75	0.92
4	纽　约	6.93	2.54	0.80
5	洛杉矶	6.99	2.32	0.75
6	斯德哥尔摩	7.00	2.20	0.73
7	多伦多	6.81	2.22	0.71
8	芝加哥	6.58	2.32	0.71
9	新加坡	6.63	1.96	0.63
10	伦　敦	6.13	1.99	0.59
11	悉　尼	6.19	1.85	0.56
12	巴　黎	6.11	1.88	0.56
13	柏　林	5.86	1.66	0.48
14	深　圳	5.27	1.52	0.39
15	上　海	4.98	1.12	0.27
16	北　京	4.63	1.12	0.23
17	大　阪	4.18	1.03	0.16
18	首　尔	4.36	0.85	0.14
19	东　京	3.97	0.83	0.09
20	莫斯科	3.29	0.74	0.00

4. 创新主体——企业主导技术创新，大学主导学术创新

(1) 技术创新主体——深圳、东京、大阪、斯德哥尔摩企业掌握绝对话语权，波士顿、

巴黎、新加坡学术机构技术创新能力强，波士顿医疗机构技术创新领先。从城市技术创新机构分类上看，2017 年 20 个城市 PCT 专利申请前 100 机构中，大部分城市均以企业为主导开展技术创新，其中深圳、旧金山、伦敦、斯德哥尔摩、莫斯科、东京、大阪、首尔企业申请占比更是高达 95%以上。纽约、波士顿、巴黎、新加坡的大学和研究机构技术创新能力极强，申请专利占比接近或超过 40%。同时，波士顿的医疗机构技术创新能力领先全球各大城市。

从城市技术创新机构集中度上看，2017 年 20 个城市 PCT 专利申请前十机构中，北京、深圳、波士顿、巴黎、斯德哥尔摩、大阪、首尔的大企业掌握了 2017 年公司的 PCT 专利 6 成以上，专利集中度较高。而上海前十机构拥有专利占比 2 成，专利集中度较低，显示上海缺少技术创新能力极强的机构。

从城市机构实力上看，深圳、东京、北京及首尔拥有技术创新能力较强的机构。深圳以华为为代表，东京以三菱电机为代表，北京以京东方为代表，首尔以乐金电子为代表（表 3.17）。

表 3.17　2017 年 20 个城市技术创新主体

城　市	前十机构专利		前百企业		前百学术机构		前百医疗机构		代表性机构
	数量	占比/%	数量	专利占比/%	数量	专利占比/%	数量	专利占比/%	
上　海	471	20.6	88	84.3	12	16.5	0	0.0	上海斐讯数据通信
北　京	4 564	64.4	82	91.3	17	9.6	0	0.0	京东方
深　圳	10 250	61.6	95	97.9	5	2.2	0	0.0	华为、中兴通讯
纽　约	482	45.9	86	63.2	11	38.8	2	0.5	高露洁-棕榄、哥伦比亚大学
波士顿	502	63.8	66	33.3	25	42.8	7	44.7	麻省总医院
洛杉矶	138	42.5	90	64.6	8	17.5	2	22.9	CEDARS SINAI 医疗中心
旧金山	199	28.8	95	96.8	5	3.6	0	0.0	杜比实验室
芝加哥	259	59.0	92	90.3	6	10.0	2	2.1	摩托罗拉解决方案
西雅图	267	54.7	85	76.9	14	26.0	1	1.2	亚马逊技术

续　表

城　市	前十机构专利		前百企业		前百学术机构		前百医疗机构		代表性机构
	数量	占比/%	数量	专利占比/%	数量	专利占比/%	数量	专利占比/%	
多伦多	126	39.3	90	72.3	7	30.3	3	4.2	多伦多大学理事会
柏　林	269	53.4	90	91.4	10	11.2	1	2.1	拜耳
伦　敦	809	54.1	91	96.8	6	3.1	0	0.0	联合利华
巴　黎	1 753	62.0	38	59.4	52	45.4	10	5.5	法国国家科学研究中心
斯德哥尔摩	1 724	90.7	100	100.0	0	0.0	0	0.0	爱立信
莫斯科	59	14.6	94	95.3	6	7.6	0	0.0	YANDEX
东　京	10 195	39.3	95	97.9	5	2.5	0	0.0	三菱电机
大　阪	3 431	72.7	90	99.8	10	1.9	0	0.0	松下知识产权管理
首　尔	3 990	62.3	79	95.3	21	6.3	0	0.0	乐金电子
新加坡	428	46.3	94	60.7	6	42.5	0	0.0	新加坡科技研究局
悉　尼	75	38.3	92	92.3	6	16.0	2	1.9	新南部创新

(2) 学术创新主体——大学主导学术创新，北京顶级机构学术创新能力领先全球，波士顿、洛杉矶等医疗机构具有较强学术创新能力。从城市学术创新机构集中度上看，2017 年 20 个城市发表论文前十机构中，上海、波士顿、洛杉矶、旧金山、西雅图、多伦多、斯德哥尔摩、新加坡、悉尼的接近 80%或以上的学术创新成果掌握在大机构手中，学术创新成果集中度很高。

从城市学术创新机构实力上看，北京、上海、波士顿和伦敦拥有学术创新能力较强的机构。北京以中科院、清华大学为代表，上海以上海交通大学、复旦大学为代表，波士顿以哈佛医学院为代表，伦敦以伦敦大学学院为代表。

从城市学术创新机构分类上看，学术创新成果主要集中在大学手中。而波士顿、纽约和柏林的医疗机构学术创新能力较强，发表论文占比高于其他城市(20 个城市中)(表 3.18)。

表 3.18 2017 年 20 个城市学术创新主体

城市	前十机构论文		前百学术机构		前百医疗机构		前百企业		代表性机构
	数量	占比/%	数量	论文占比/%	数量	论文占比/%	数量	论文占比/%	
上海	35 218	75.0	94	90.3	6	6.2	0	0.0	上海交通大学、复旦大学
北京	56 768	57.1	96	88.9	4	2.5	0	0.0	中科院、清华大学
深圳	4 493	41.8	92	91.7	5	2.4	3	4.0	深圳大学
纽约	26 437	74.9	82	79.1	17	25.1	1	1.0	哥伦比亚大学
波士顿	30 827	87.2	84	84.3	16	46.9	0	0.0	哈佛医学院
洛杉矶	17 148	90.6	87	88.5	13	20.0	0	0.0	加利福尼亚大学洛杉矶分校
旧金山	10 796	81.4	76	84.4	22	20.7	2	8.4	加利福尼亚大学旧金山分校
芝加哥	12 945	67.4	90	87.6	7	12.5	1	3.2	芝加哥大学
西雅图	12 881	84.9	89	88.5	11	20.1	0	0.0	华盛顿大学
多伦多	16 888	88.5	84	90.4	16	32.7	0	0.0	多伦多大学
柏林	10 238	62.0	93	63.3	7	25.2	0	0.0	柏林自由大学
伦敦	30 477	68.4	86	75.6	14	18.7	0	0.0	伦敦大学学院
巴黎	17 059	62.9	90	79.5	10	14.0	0	0.0	巴黎第六大学
斯德哥尔摩	11 614	88.4	94	89.7	6	20.0	0	0.0	卡罗琳娜学院
莫斯科	16 491	69.0	100	78.1	0	0.0	0	0.0	莫斯科国立罗蒙诺索夫大学
东京	19 129	59.3	79	79.2	21	20.1	0	0.0	东京大学
大阪	1 523	26.5	92	75.1	8	17.6	0	0.0	大阪市立大学
首尔	26 704	73.5	95	93.8	4	6.9	1	1.4	首尔大学
新加坡	15 188	83.5	84	85.5	16	17.4	0	0.0	新加坡国立大学
悉尼	15 992	86.9	88	92.6	12	17.6	0	0.0	悉尼大学

5. 创新合力——北京、巴黎、伦敦排名领先

(1) 技术创新合力——东京、北京、巴黎领先。使用等权重方法考虑产学研专利数量、产学研占比、申请人合作专利数量、申请人合作占比、引用非专利文献数量、平均引用非专利文献这 6 个体现技术创新合力的指标，结果显示，东京、北京、巴黎技术创新合力在 20 个城市中位居前三位。

东京产学研数量领先其他城市，波士顿、巴黎产学研合作占比领先。专利合作方面，巴黎、北京申请人合作占比较高。东京和深圳引用非专利文献数量领先，旧金山、西雅图和芝加哥平均引用非专利文献较高，显示专利技术与学术研究之间的借鉴与转化程度较高(表 3.19)。

表 3.19　2017 年 20 个城市技术创新合力

排名	城　市	产学研		申请人合作		引用非专利文献	平均引用非专利文献	得　分
		数量	占比/%	数量	占比/%			
1	东　京	677	2.6	3 015	11.6	69 930	2.7	0.575
2	北　京	167	2.5	3 595	50.7	30 040	4.2	0.534
3	巴　黎	175	6.8	1 522	53.8	11 147	3.9	0.487
4	波士顿	48	8.3	303	38.5	1 539	2.0	0.324
5	纽　约	38	3.9	233	22.2	8 654	8.2	0.290
6	西雅图	18	3.9	98	20.1	4 699	9.6	0.283
7	上　海	60	2.9	939	41.0	6 354	2.8	0.279
8	新加坡	46	5.2	272	29.4	3 584	3.9	0.263
9	深　圳	104	0.8	737	4.4	60 382	3.6	0.255
10	伦　敦	28	2.0	540	36.1	6 915	4.6	0.247
11	洛杉矶	8	3.6	79	24.3	2 380	7.3	0.246
12	芝加哥	13	3.2	64	14.6	4 178	9.5	0.245
13	旧金山	5	0.8	104	15.1	7 929	11.5	0.236
14	多伦多	16	5.9	106	33.0	308	1.0	0.221
15	莫斯科	6	2.8	124	30.6	1 934	4.8	0.211
16	首　尔	152	2.6	549	8.6	19 408	3.0	0.203
17	大　阪	127	2.7	859	18.2	7 325	1.6	0.194

续　表

排名	城　市	产学研		申请人合作		引用非专利文献	平均引用非专利文献	得　分
		数量	占比/%	数量	占比/%			
18	柏　林	20	4.3	74	14.7	2 301	4.6	0.188
19	悉　尼	3	1.8	33	16.8	214	1.1	0.077
20	斯德哥尔摩	4	0.2	160	8.4	3 986	2.1	0.047

(2) 学术创新合力——北京、伦敦、斯德哥尔摩居前。使用等权重方法考虑基金资助项目论文数量、基金资助项目占比、国际合作论文数量、国际合作占比、机构合作论文数量、机构合作占比这六个体现学术创新合力的指标，结果显示，北京、伦敦、斯德哥尔摩学术创新合力在 20 个城市中位居前三位。

北京、上海在政府基金资助项目论文总量(SCI、CPCI)和占该市论文总量占比上较为突出，反映中国政府对学术研究非常重视。学术研究国际合作方面，欧洲城市和新加坡国际合作比例比较突出，尤其是斯德哥尔摩、伦敦和新加坡，国际合作比例超过 60%，而北京、上海、深圳在国际学术合作研究方面比例较低。机构合作方面，巴黎、斯德哥尔摩、波士顿占比突出(表 3.20)。

表 3.20　2017 年 20 个城市学术创新合力

排名	城　市	基金资助		国际合作		机构合作		得分
		数量	占比/%	数量	占比/%	数量	占比/%	
1	北　京	83 553	84.1	27 561	27.7	75 094	75.6	0.71
2	伦　敦	26 650	59.8	26 961	60.5	36 526	82.0	0.54
3	斯德哥尔摩	9 434	71.8	9 169	69.8	11 519	87.6	0.47
4	巴　黎	15 750	58.1	16 002	59.0	24 621	90.8	0.47
5	波士顿	22 255	62.9	15 291	43.2	30 302	85.7	0.42
6	上　海	39 418	83.9	13 926	29.6	33 320	70.9	0.40
7	新加坡	12 421	68.3	11 821	65.0	14 115	77.6	0.39
8	悉　尼	11 195	60.9	10 533	57.3	15 665	85.2	0.37
9	柏　林	10 338	62.6	9 348	56.6	13 853	83.9	0.35
10	多伦多	11 660	61.1	10 513	55.1	15 864	83.1	0.35
11	纽　约	20 811	59.0	14 521	41.1	27 871	79.0	0.33

续　表

排名	城　市	基金资助		国际合作		机构合作		得分
		数量	占比/%	数量	占比/%	数量	占比/%	
12	深　圳	9 470	88.2	3 344	31.1	8 860	82.5	0.33
13	西雅图	10 307	67.9	6 272	41.3	12 655	83.4	0.30
14	洛杉矶	12 167	64.3	7 738	40.9	14 822	78.3	0.26
15	首　尔	26 036	71.7	9 672	26.6	25 268	69.6	0.24
16	旧金山	7 994	60.2	5 317	40.1	10 908	82.2	0.23
17	东　京	19 201	59.5	9 030	28.0	24 320	75.4	0.21
18	莫斯科	16 032	67.1	8 773	36.7	16 070	67.2	0.19
19	芝加哥	11 548	60.1	6 655	34.7	14 716	76.6	0.19
20	大　阪	3 229	56.3	1 602	27.9	4 723	82.3	0.11

3.4　研究总结

1. 国际大都市科技创新能力总体评价

(1) 20个城市科技创新能力综合排名中，北京、波士顿、东京排名前三位。分项排名中，北京在创新热点、创新主体和创新合力上居首，波士顿在创新质量上居首，深圳在创新趋势上居首。

(2) 近十年以来，国际城市PCT专利技术总体呈现低速增长，但在近几年增速有扩大的趋势。我国深圳、北京、上海保持以两位数高速增长。国际城市高质量学术论文整体上呈现低速增长，在近几年增速有进一步降低或负增长的趋势。我国上海、北京、深圳增幅领先全球，但增幅也有减缓的趋势。

(3) 新兴技术领域，东京和北京分别在技术研发和学术研究领域居领先地位。石墨烯、无人驾驶、虚拟现实、精准医疗等新兴技术受到追捧。

(4) 创新热点方面，技术研发热点包括信息技术、医药制品、电池、半导体器件、化妆品等，学术研究热点包括工程电子与电气、医药医疗、材料科学等。信息技术比以往受到更多重视。

(5) 创新主体方面，我国较多城市聚集大型学术研究机构，日本较多城市聚集大型技术研发机构,美国较多城市聚集顶尖科学家。波士顿医疗机构技术研发和学术研究实力领先众多城市。

(6) 创新质量方面,波士顿、旧金山、西雅图领先,我国上海、北京、深圳创新质量不容乐观。

2. 上海科技创新能力总体评价

(1) 20个城市科技创新能力综合排名中,上海位于第15位,在创新的数量、增速、创新合力方面排名靠前,在创新质量和对创新热点的把握上较为欠缺。

(2) 上海拥有11位顶尖科学家,在20城市中排名第16位,与排名第一的北京(87位顶尖科学家)相比差距较大。人才培养和引进对于上海来讲有很长一段路要走。

(3) 新兴技术领域,上海在学术研究方面走在前列,把握众多热点技术。但在新兴技术研发方面却比较滞后,处于20城市中间偏后位置,反映出上海诸多新兴技术处于学术研究阶段,未达到技术和产品研发阶段。学术研究如何转换到产业技术,是上海亟待解决的问题。

(4) 技术研发热点与学术研究热点不匹配。国际上很多城市如纽约、波士顿聚焦医药医疗,北京聚焦光控制和信息技术,深圳聚焦信息技术和通信技术,这些城市在技术研发热点和学术研究热点方面较为统一。上海专利技术研发重点关注生物制药,而学术研究重点关注电子和材料科学,技术研发热点与学术研究热点不匹配。

(5) PCT专利机构集中度低,缺少深圳华为这样的国际型企业,上海应当注重培育上海本地的大型、跨国科创企业。

第4章

上　海

上海是中国第一大城市，世界第八大城市，地处长江入海口。上海总面积为 6 340.5 平方公里。截至 2017 年末，全市常住人口为 2 418.3 万人，比上年末减少 1.37 万人。

上海是中国重要的经济、交通、科技、工业、金融、会展和航运中心，是世界上规模和面积最大的都会区之一。2017 年实现生产总值(GDP)30 133.9 亿元，比上年增长 6.9%，增速与上年持平。其中，第一产业增加值 99.0 亿元，下降 9.5%；第二产业增加值 9 251.4 亿元，增长 5.8%；第三产业增加值 20 783.5 亿元，增长 7.5%。第三产业增加值占上海市生产总值的比重为 69.0%。按常住人口计算的上海市人均生产总值为 12.46 万元。

全年战略性新兴产业增加值 4 943.5 亿元，比上年增长 8.7%。其中，制造业增加值 2 262.6 亿元，增长 8.1%；服务业增加值 2 680.9 亿元，增长 9.2%。战略性新兴产业增加值占上海市生产总值的比重为 16.4%，比上年提高 1.2 个百分点。

上海的科技基础设施条件和人力资源居全国前列，拥有多座知名大学院校，风险投资和创业企业等创新要素集聚程度高。全市科技小巨人企业和小巨人培育企业共 1 638 家，高新技术企业 6 938 家，技术先进型服务企业 272 家。

当前，上海正加快构筑科创中心的“四梁八柱”，从 4 个层面推进科创中心建设，即集中力量建设张江综合性国家科学中心，积极构筑功能型创新平台，加快建设科技创新集聚区，大力推动大众创业、万众创新，力争 2020 年形成科创中心的基本框架。

4.1 创新态势

1. PCT 专利年度公开量呈现两位数增长

2008—2017 年，上海市申请并公开了 15 674 项 PCT 专利，共 15 601 个专利族。其中，2017 年为 2 290 个专利族，人均 PCT 专利数量较少，为每万人 0.9 项。从专利年度公开量上看，总体呈较快增长，其中 2009—2012 年增长迅速，2013 年和 2015 年出现短暂回落，目前仍保持持续增长势头。PCT 专利十年年度复合增长率为 12.2%，近三年年度复合增长率为 12.0%(图 4.1)。

图 4.1　2008—2017 年 PCT 专利年度公开量

2. 论文数量持续平稳增长

2008—2017 年间，上海市每年发表的重要论文(包括 SCI、CPCI)数量呈现出较平稳的增长趋势。近十年年度复合增长率达 10.25%，近三年年度复合增长率为 6.10%(图 4.2)。

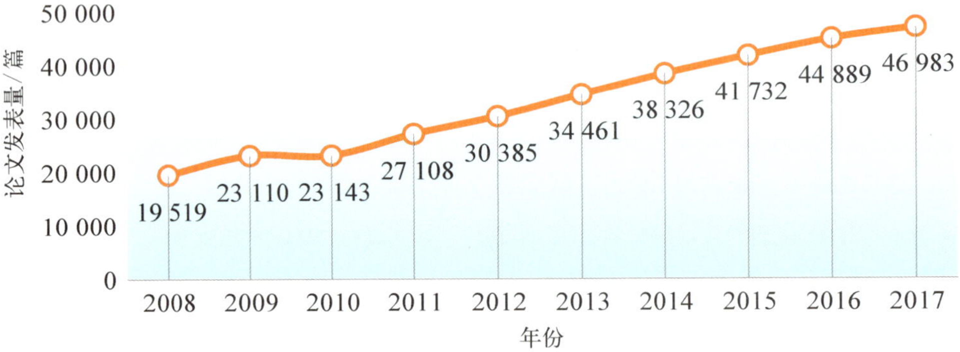

图 4.2　2008—2017 年学术论文年度发表数量

4.2　创 新 热 点

1. 专利技术热点集中在生物制药领域

从专利技术热点角度看，2017 年上海市技术创新热点集中在医药制品、基因工程、半导体、数字信息技术方面。与2012—2016年热点技术相比,含肽的医药配制品、治疗代谢疾病的药物替代了数据输入输出装置、数字信息传输的装置、设备、电路和系统,排入了前十位。总体上看,2017年专利创新热点更趋向生物制药(表4.1,图4.3)。

表4.1 十大热点专利技术排名对比

排名	2017年		2012—2016年	
	热点技术	专利数量	热点技术	专利数量
1	含有机有效成分医药配制品	189	含有机有效成分医药配制品	790
2	抗肿瘤药	129	抗肿瘤药	381
3	突变或遗传工程,以及涉及的DNA或RNA、载体	68	突变或遗传工程,以及涉及的DNA或RNA、载体	260
4	半导体器件及制造方法、设备	68	程序控制装置	181
5	抗感染药	51	半导体器件及制造方法、设备	180
6	数字计算设备或数据处理设备、方法	51	数据输入输出装置	177
7	含肽的医药配制品	51	治疗神经系统疾病的药物	171
8	治疗神经系统疾病的药物	48	数字信息传输的装置、设备、电路和系统	171
9	治疗代谢疾病的药物	45	数字计算设备或数据处理设备、方法	161
10	程序控制装置	40	抗感染药	156

注:下划线为两个年份段不同的热点技术。

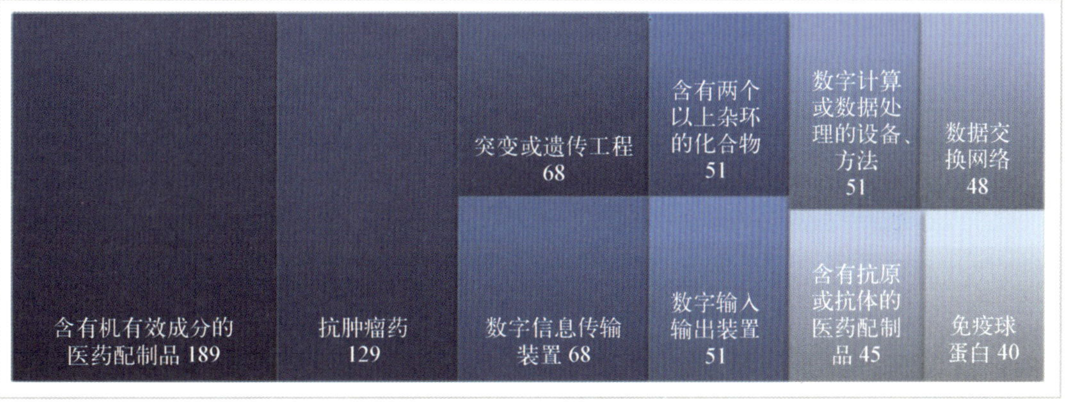

图4.3 2017年十大热点专利技术

2. 新兴技术产业研发聚焦虚拟现实和石墨烯技术

从新兴技术研发角度看，在我们筛选出的十大新兴技术 PCT 专利数量上，上海整体排在 20 个城市中的中游偏后位置，在区块链和石墨烯领域排名第 7 和第 8 位。同时，上海对石墨烯和虚拟现实技术研发更为关注，有一定数量的专利产出(图 4.4)。

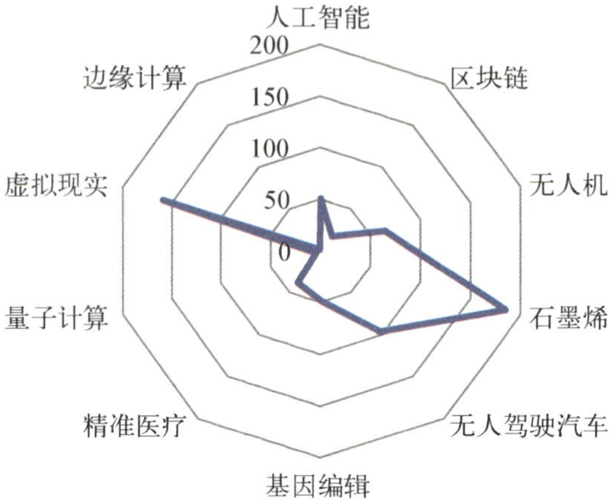

图 4.4　十大新兴技术 PCT 专利数量

3. 学术研究热点聚焦电子和材料等领域

从学术论文研究热点看，2017 年上海市的主要学术研究方向为电子、材料、化学、物理和肿瘤学等领域，与 2014—2016 年热点技术基本一致(表 4.2，图 4.5)。

表 4.2　学术论文十大热点领域排名对比

排名	2017 年		2014—2016 年	
	热点技术	论文数量	热点技术	论文数量
1	工程电子与电气	4 547	材料科学，多学科	11 726
2	材料科学，多学科	4 392	工程电子与电气	11 671
3	化学，多学科	2 984	化学，多学科	7 917
4	肿瘤学	2 966	应用物理	6 926
5	应用物理	2 602	肿瘤学	6 892
6	化学物理	2 527	化学物理	6 176
7	多学科科学	2 083	多学科科学	5 377
8	细胞生物学	1 960	光学	4 743
9	纳米科学与技术	1 888	纳米科学与技术	4 420
10	光学	1 874	生物化学与分子生物学	4 361

注：下划线为两个年份段不同的热点技术。

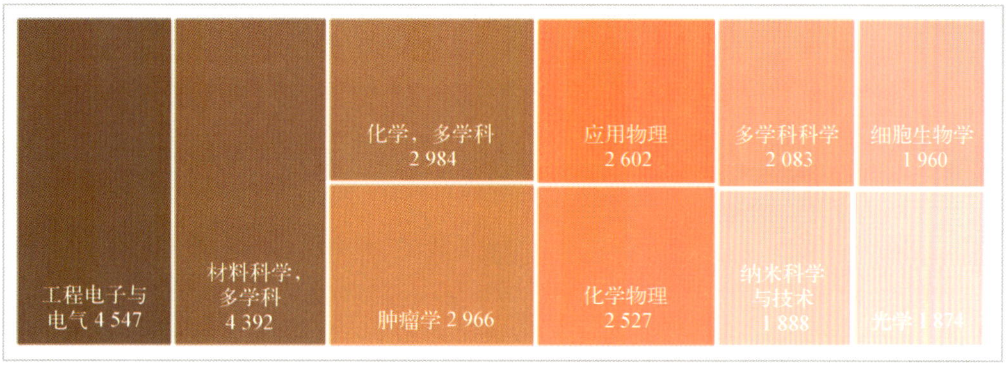

图 4.5　2017 年学术论文十大热点领域

4. 新兴技术学术研究领先，聚焦石墨烯技术

从新兴技术学术研究角度看，在我们筛选出的十大新兴技术 SCI 和 CPCI 论文数量上，上海在 20 个城市中总体处于领先地位。分项排名中，十大新兴技术中有 6 个技术排名进入前五位，在石墨烯、人工智能和区块链方面排名分别第 2、3、3 位。同时，上海聚焦石墨烯的学术研究，形成大量学术成果(图 4.6)。

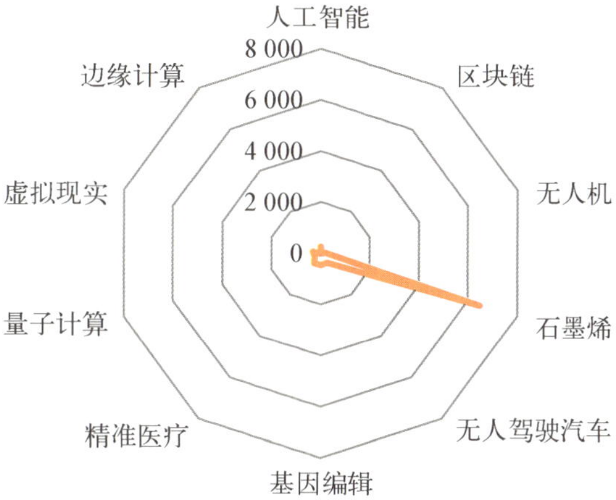

图 4.6　十大新兴技术论文数量

4.3 创新质量

1. 专利质量偏弱，高质量专利比重较低

专利质量指标数值见表 4.3。

表 4.3　2015—2017 年专利质量指标

指　　标	数　　　　值
专利全球申请	2015—2017 年共申请 6 163 项 PCT 专利共 6 133 个专利族，包含全球 22 513 项同族专利，平均每个专利族包含 3.7 项同族专利
专利授权情况	有 1 543 个专利族包含一个或一个以上发明专利获得专利授权，占专利族数量的 25.2%
权利要求数量	专利权利要求数量 101 208 项，平均每个专利族包含 16.7 项权利要求，单个专利族最高权利要求数量为 182 项
被专利引用情况	被其他专利引用 3 354 次，平均每个专利族被引用 0.55 次，单个专利族最高被引用 52 次
高质量专利数量	被引次数大于 10 次的专利族数量 46 项，占比 0.75%
引用专利情况	引用其他专利 29 270 次，平均每个专利族引用其他专利 4.77 次，单个专利族最高引用其他专利 283 次
涉及的技术广度	涵盖 1 939 个 IPC 大组，6 069 个 IPC 小组

2. 学术论文质量较低，且重量级论文占比较少

2015—2017 年上海市发表的学术论文共计被引用 665 377 次，单篇最高被引 2 185 次，发表 ESI 高被引论文 1 500 篇。上海市通讯作者机构的论文被引用 428 614 次，单篇最高被引 498 次，发表 ESI 高被引论文 833 篇。

4.4　创新主体

1. 专利技术机构集中度低，缺乏研发实力较强的本地机构

专利申请人作为创新主体，在技术研发中处于主导地位。2017 年上海市排名前十位的机构申请人申请的专利族数量为 471 个，占比 20.6%，显示专利分布较为分散，未出现研发实力较强的机构。且不少专利排名靠前的机构并非上海本地机构（本节所选均为总部在上海的机构）。排名前 100 家机构包括 88 家企业、12 所高校与研究机构，专利量占比分别为 84.3%和 16.5%（表 4.4）。

表 4.4 2017 年专利申请人前 10 位排名

排名	专 利 申 请 人	专利数量	申请人属性
1	上海斐讯数据通信技术有限公司	87	企业
2	中国银联股份有限公司	79	企业
3	上海交通大学	61	大学
4	泰科电子有限公司	45	企业
5	上海联影医疗科技有限公司	42	企业
6	中国科学院上海药物研究所	36	研究机构
7	宝钢集团有限公司	34	企业
8	上海微电子装备(集团)股份有限公司	33	企业
9	华东理工大学	30	大学
10	上海朗帛通信技术有限公司	26	企业

2. 学术创新主体中大机构产出率较高，前 10 均为大学

2017 年排名前 10 机构的发文量为 35 218 篇，占上海发文量的 75.0%，机构类型均为大学。排名前 100 家机构均为研究性机构(包括大学和研究机构)。其中，94 家为研究机构，论文量占比 90.3%；6 家为医疗机构，论文量占比 6.2%(表 4.5)。

表 4.5 2017 年学术论文发表机构前 10 位排名

排名	机 构	论文数量	机构类型
1	上海交通大学	12 503	大学
2	复旦大学	7 792	大学
3	同济大学	5 693	大学
4	上海大学	2 924	大学
5	华东理工大学	2 475	大学
6	华东师范大学	2 202	大学
7	东华大学	1 532	大学
8	第二军医大学	1 423	大学
9	上海理工大学	1 053	大学
10	上海中医药大学	669	大学

4.5 创新合力

1. 较好的技术创新合力，体现在良好的机构合作上

创新合力数值见表4.6。

表4.6 2017年技术创新合力

指　　标	数　　　值
申请人合作	2017年申请人合作申请专利族数量为939个，占专利总量的41.0%。申请人最多的一项专利有22个申请人共同申请
产学研合作	企业和研究机构之间合作申请的专利族数量为60个，占机构专利总量的2.9%
引用非专利文献	引用非专利文献6 354次，平均每个专利族引用非专利文献2.77次，单个专利族最高引用非专利文献数量46篇

2. 较好的学术创新合力，基金资助学术研究比重高，国际合作比重低

(1) 政府资助论文数量：2017年上海市发表的论文中，政府基金项目资助的论文有39 418篇，占83.9%。

(2) 合作国家和地区排名：上海市发表的论文共与162个国家和地区有合作关系，这些合作的论文(总量13 926篇)占上海市论文量的29.6%。

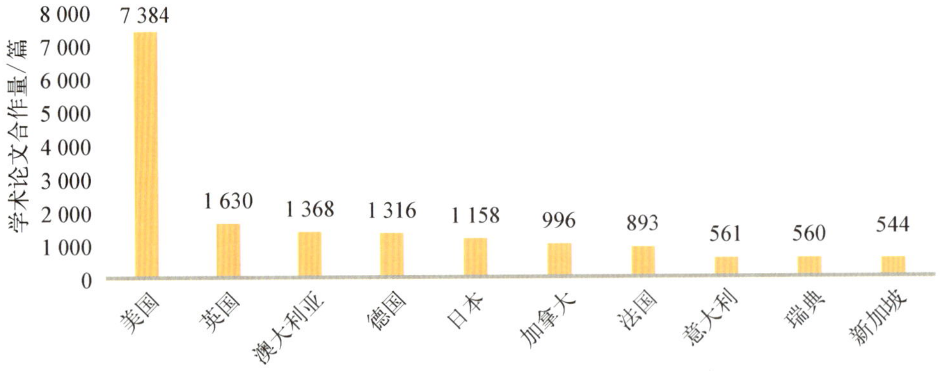

图4.7 2017年上海市学术论文合作前10国家和地区

(3) 机构合作：两家或更多机构合作的论文共有33 320篇，占70.9%。其中，合作机构最多的一篇论文有569家机构参与合作。

第5章

北 京

北京市作为中国的首都，是全国政治、经济、交通和文化中心。北京市地处华北大平原北部，全市土地面积 16 410.5 平方公里。截至 2017 年末，北京市常住人口 2 170.7 万人，比上年末减少 2.2 万人，下降 0.1%。

北京市 2017 年实现地区生产总值 28 000.4 亿元，按可比价格计算，比上年增长 6.7%，增速略低于上年 0.1 个百分点。分产业看，第一产业实现增加值 120.5 亿元，下降 6.2%；第二产业实现增加值 5 310.6 亿元，增长 4.6%；第三产业实现增加值 22 569.3 亿元，增长 7.3%。

北京市集聚了全国最为丰富的科技创新资源，研发投入强度连年保持高位。北京市拥有全国数量最多的高等教育机构及科研机构，也是北京大学、清华大学等顶尖学府的所在地。中国首个国家自主创新示范区——中关村国家自主创新示范区也位于北京市，聚集以联想、百度为代表的高新技术企业近 2 万家，形成了下一代互联网、移动互联网和新一代移动通信、卫星应用、生物和健康、节能环保、轨道交通等六大优势产业集群。

5.1 创新态势

1. PCT 专利年度公开量呈现加速增长

2008—2017 年，北京市申请并公开了 32 347 项 PCT 专利，共 32 203 个专利族。其中，2017 年为 7 086 个专利族，平均万人 PCT 专利数量为 3.3 项。从专利年度公开量上看，呈加速增长趋势，2010—2016 年间专利出现加速增长，到 2017 年增长势头更加强劲，PCT 专利十年年度复合增长率达 25.4%，近三年年度复合增长率为 22.5%。

2. 论文增速有所减缓

2008—2017 年间，北京市每年发表的重要论文(包括 SCI、CPCI)数量，呈现出较平稳

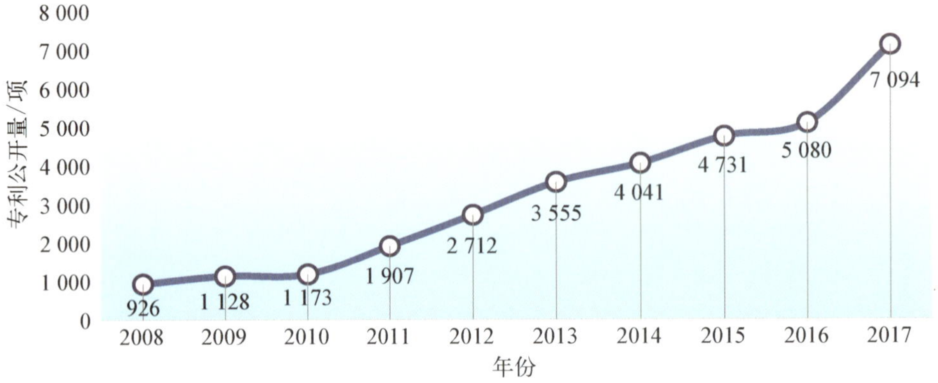

图 5.1　2008—2017 年 PCT 专利年度公开量

的增长趋势，近年来增长速度有所减缓。十年年度复合增长率达 10%，近三年年度复合增长率为 4.6%。

图 5.2　2008—2017 年论文年度发表数量

5.2　创新热点

1. 专利技术热点聚焦光控制、数字信息技术、半导体等

从专利技术热点角度看，2017 年北京市技术创新热点集中在光控制、数字信息技术、内容分发、半导体等方面。与 2012—2016 年热点技术相比，可选的内容分发、程序控制装置、阅读或识别技术替代了无线本地资源管理、半导体整流器件、有机固态器件进入前 10 位。其中，内容分发技术直接进入第 3 位(表 5.1，图 5.3)。

表 5.1 十大热点专利技术排名对比

排名	2017 年		2012—2016 年	
	热 点 技 术	专利数量	热 点 技 术	专利数量
1	光控制	835	光控制	1 833
2	数据输入输出装置	680	数据输入输出装置	1 405
3	可选的内容分发	740	专用数字计算设备或数据处理设备、方法	1 133
4	专用数字计算设备或数据处理设备、方法	431	半导体器件及制造方法、设备	1 080
5	显示驱动装置	366	共用衬底内的多个半导体组成的器件	971
6	数字信息传输的装置、设备、电路和系统	287	显示驱动装置	933
7	共用衬底内的多个半导体组成的器件	265	数字信息传输的装置、设备、电路和系统	720
8	半导体器件及制造方法、设备	274	无线本地资源管理	623
9	程序控制装置	192	半导体整流、振动、开关器件	505
10	用于阅读或识别印刷或书写字符或者用于识别图形	174	使用有机材料作有源部分的固态器件及其方法或设备	489

注：下划线为两个年份段不同的热点技术。

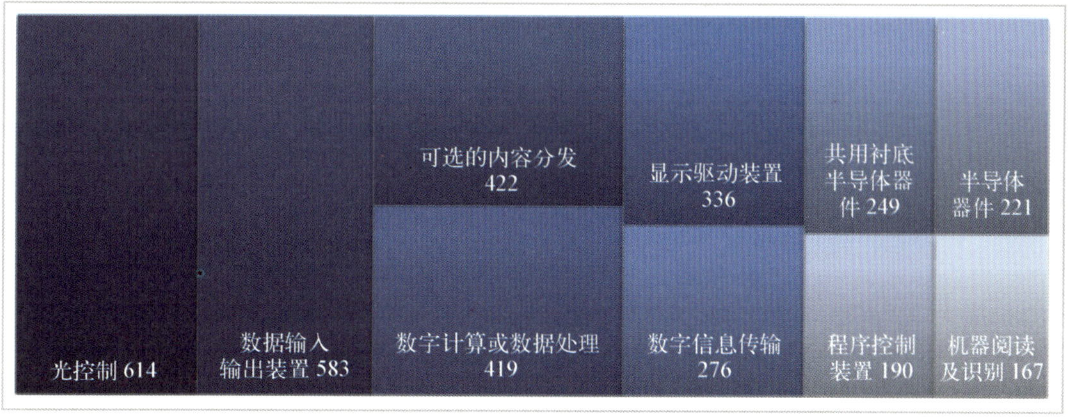

图 5.3 2017 年十大热点专利技术

2. 新兴技术产业研发排名靠前，聚焦虚拟现实等技术

从新兴技术研发角度看，在我们筛选出的十大新兴技术 PCT 专利数量上，北京整体

上排在 20 城市中间靠前位置。分项排名中，在人工智能、无人机、石墨烯、无人驾驶汽车、量子计算、虚拟现实、边缘计算领域排名前五位。同时，北京更为关注虚拟现实、石墨烯、无人驾驶和人工智能的技术研发，形成一定规模的专利产出（图 5.4）。

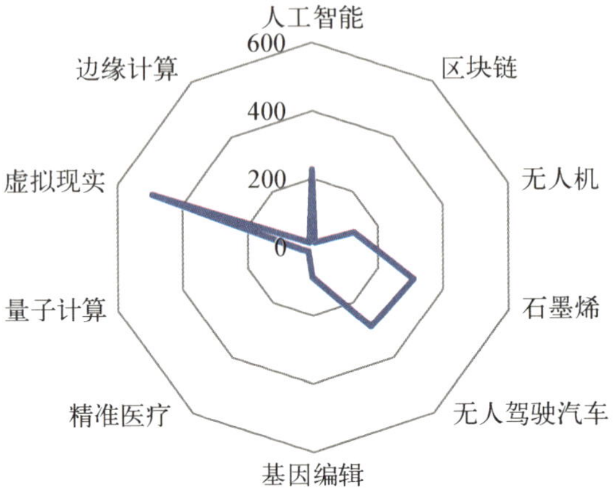

图 5.4　十大新兴技术 PCT 专利数量

3. 学术研究热点聚焦工程电子和材料科学等领域

从学术论文研究热点看，2017 年北京市的主要学术研究方向为工程电子、材料科学、应用物理等领域，与 2014—2016 年热点技术基本一致（表 5.2，图 5.5）。

表 5.2　学术论文十大热点领域排名对比

排名	2017 年		2014—2016 年	
	热点技术	论文数量	热点技术	论文数量
1	工程电子与电气	12 837	工程电子与电气	36 514
2	材料科学，多学科	9 359	材料科学，多学科	25 257
3	应用物理	5 768	应用物理	14 864
4	化学，多学科	5 386	化学，多学科	14 009
5	化学物理	5 254	化学物理	12 638
6	能源与燃料	4 928	环境科学	11 993
7	环境科学	4 775	能源与燃料	11 433
8	纳米科学与技术	4 049	多学科科学	11 136
9	多学科科学	4 022	计算机科学、理论与方法	10 261
10	光学	3 927	光学	10 246

注：下划线为两个年份段不同的热点技术。

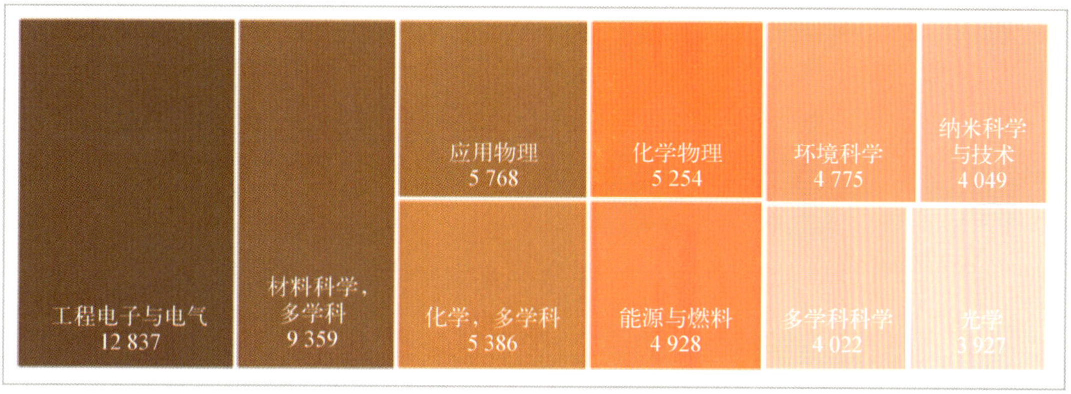

图 5.5　2017 年学术论文十大热点领域

4. 新兴技术学术研究全球领先，聚焦石墨烯技术

从新兴技术学术研究角度看，在我们筛选出的十大新兴技术 SCI 和 CPCI 论文数量上，北京整体排在 20 个城市中的首位，10 项新兴技术分项排名中，9 项排在第 1 位。同时，北京聚焦石墨烯的学术研究，产出大量学术成果(图 5.6)。

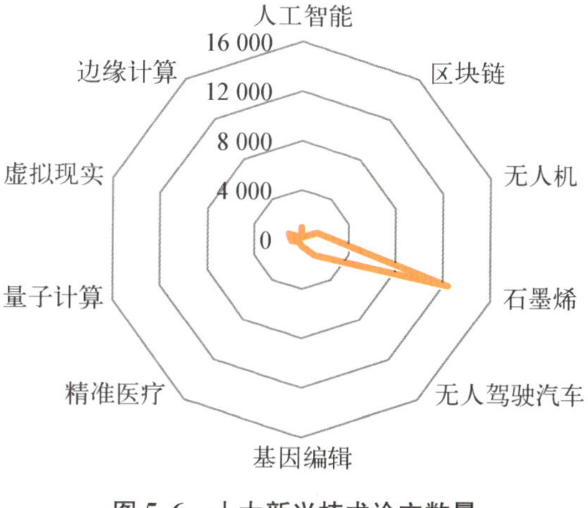

图 5.6　十大新兴技术论文数量

5.3 创新质量

1. 专利质量有所提升，处于平均水平之上

专利质量指标数值见表 5.3。

表 5.3 2015—2017 年专利质量指标

指　　标	数　　　　　值
专利全球申请	2015—2017 年共申请 16 905 项 PCT 专利共 16 861 个专利族,包含全球 64 781 项同族专利,平均每个专利族包含 3.8 项同族专利
专利授权情况	有 6 506 个专利族包含一个或一个以上发明专利获得专利授权,占专利族数量的 38.6%
权利要求数量	专利权利要求数量 282 095 项,平均每个专利族包含 16.9 项权利要求,单个专利族最高权利要求数量为 444 项
被专利引用情况	被其他专利引用 15 167 次,平均每个专利族被引用 0.9 次,单个专利族最高被引用 141 次
高质量专利数量	被引次数大于 10 次的专利族数量 272 项,占比 1.61%
引用专利情况	引用其他专利 80 224 次,平均每个专利族引用其他专利 4.76 次,单个专利族最高引用其他专利 43 次
涉及的技术广度	涵盖 2 071 个 IPC 大组,6 861 个 IPC 小组

2. 学术论文质量仍存在短板,重量级论文占比较少

2015—2017 年北京市发表的学术论文共计被引用 1 327 625 次,单篇最高被引 2 680 次,发表 ESI 高被引论文 3 220 篇;北京市通讯作者机构的论文被引用 808 527 次,单篇最高被引 2 680 次,发表 ESI 高被引论文 1 809 篇。

5.4 创新主体

1. 专利技术机构集中度较高,拥有研发实力较强机构

2017 年北京市排名前 10 位的机构申请人申请的专利族数量为 4 564 个,占比 64.4%,呈现出专利较为集中在大机构的特点,且多为企业。排名前 100 家机构包括 82 家企业、17 所高校与研究机构,专利量占比分别为 91.3%和 9.6%,企业专利占比高(表 5.4)。

表 5.4 2017 年专利申请人前 10 位排名

排名	专 利 申 请 人	专利数量	申请人属性
1	京东方科技集团股份有限公司	1 818	企业
2	乐视控股	1 404	企业

续 表

排名	专 利 申 请 人	专利数量	申请人属性
3	小米集团	497	企业
4	电信科学技术研究院	204	研究机构
5	百度在线网络技术有限公司	170	企业
6	北京奇虎科技有限公司	126	企业
7	金山软件有限公司	112	企业
8	清华大学	100	大学
9	国家电网公司	78	企业
10	中国移动通信集团公司	58	企业

2. 大学和研究机构是学术创新主体

2017 年北京市排名前 10 位机构发文量为 56 768 篇，占北京发文量的 57.1%。北京市的大学与研究机构在学术论文产出上占据主导地位，排名前 10 位的机构中 9 家为大学。排名前 100 家机构中 96 家为研究机构，论文量占比 88.9%，4 家为医疗机构，论文量占比 2.5%。

表 5.5　2017 年学术论文发表机构前 10 位排名

排名	机　　构	论文数量	机构类型
1	清华大学	11 378	大学
2	北京大学	9 420	大学
3	北京航空航天大学	5 302	大学
4	北京理工大学	4 087	大学
5	首都医科大学	3 886	大学
6	中国医学科学院	3 191	研究机构
7	北京科技大学	2 982	大学
8	北京师范大学	2 720	大学
9	中国农业大学	2 545	大学
10	北京邮电大学	2 408	大学

5.5 创新合力

1. 技术创新合力强，机构间合作密切

技术创新合力数值见表 5.6。

表 5.6 2017 年技术创新合力

指 标	数 值
申请人合作	2017 年申请人合作申请的专利族有 3 595 个，占专利总量的 50.7%。申请人最多的一项专利有 17 个申请人共同申请
产学研合作	企业和研究机构之间合作申请的专利族数量为 167 个，占机构专利总量的 2.5%
引用非专利文献	引用非专利文献 30 040 次，平均每个专利族引用非专利文献 4.24 次，单个专利族最高引用非专利文献数量 92 篇

2. 学术创新合力强，基金资助数量和比重高，但国际合作占比低

(1) 政府资助论文数：2017 年北京市发表的论文中，政府基金项目资助的论文有 83 553 篇，占 84.1%。

(2) 合作国家和地区排名：北京市发表的论文共与 182 个国家和地区有合作关系，这些合作的论文(总量 27 561 篇)占北京市论文量的 27.7%(图 5.7)。

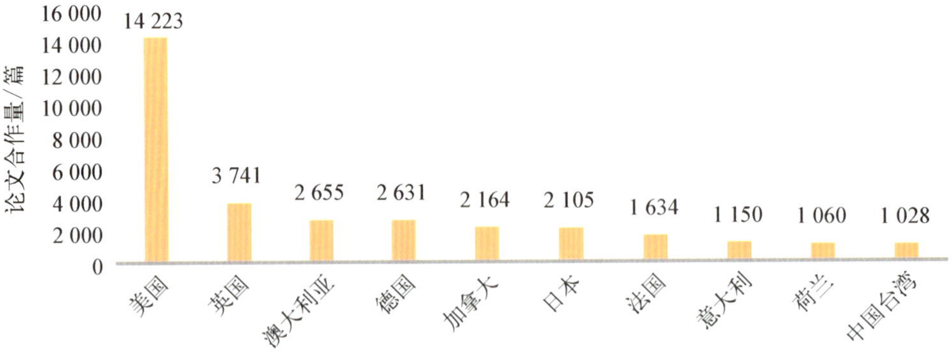

图 5.7 2017 年北京市学术论文合作前 10 位国家和地区

(3) 机构合作：两家或更多机构合作的论文共有 75 094 篇，占 75.6%。其中，合作机构最多的一篇论文有 569 家机构参与合作。

第6章

深　圳

深圳市作为广东省辖市，地处广东省南部，珠江三角洲东岸，与香港一水之隔，是中国改革开放建立的第一个经济特区。深圳市总面积1 996.8平方公里，截至2017年年末，常住人口1252.8万人，比上年末增加55.1万人。其中常住户籍人口434.7万人，增长11.3%，占常住人口比重34.7%；常住非户籍人口818.1万人，增长1.4%，占比重65.3%。

2017年，深圳市生产总值达到22 438.4亿元，比上年增长8.8%。其中，第一产业增加值18.5亿元，增长52.8%；第二产业增加值9 266.8亿元，增长8.8%；第三产业增加值13 153.0亿元，增长8.8%。第一产业增加值占全市生产总值的比重为0.1%，第二产业增加值比重为41.3%，第三产业增加值比重为58.6%。在现代产业中，现代服务业增加值9 306.5亿元，增长9.0%；先进制造业增加值5 743.9亿元，增长13.1%；高技术制造业增加值5 302.5亿元，增长12.7%。

七大战略性新兴产业中，新一代信息技术产业增加值4 592.9亿元，比上年增长12.5%；互联网产业增加值1 022.8亿元，增长23.4%；新材料产业增加值454.2亿元，增长15.1%；生物产业增加值295.9亿元，增长24.6%；新能源产业增加值676.4亿元，增长15.4%；节能环保产业增加值671.1亿元，增长12.7%；文化创意产业增加值2 244.0亿元，增长14.5%。

四大未来产业中，海洋产业增加值401.5亿元，比上年增长13.1%；航空航天产业增加值146.6亿元，增长30.5%；机器人、可穿戴设备和智能装备产业增加值639.6亿元，增长15.1%；生命健康产业增加值98.1亿元，增长19.5%。

6.1 创新态势

1. PCT专利年度公开量持续高速增长

2008—2017年，深圳市申请并公开了80 897项PCT专利，共80 666个专利族。其中,2017 年为 16 644 个专利族,人均 PCT 专利数量较高,每万人达 13.3 项。从专利年度公开量上看,呈现持续高速增长。PCT 专利十年年度复合增长率达 23.6%,近三年年度复合增长率为 24.6%(图 6.1)。

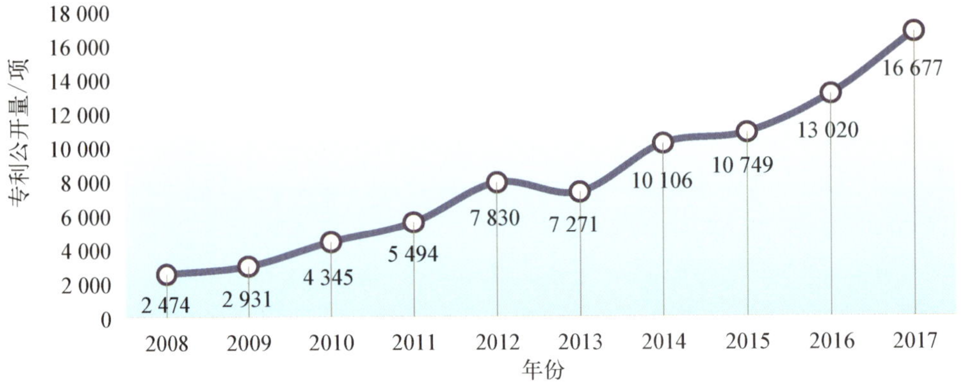

图 6.1　2008—2017 年 PCT 专利年度公开量

2. 论文总量较少,呈现高速增长

2008—2017 年间,深圳市每年发表的重要论文(包括 SCI、CPCI)数量,持续高速增长,近年来加速增长趋势明显。2017 年深圳市共发表重要学术论文 10 742 篇。十年年度复合增长率达 25.65%,近三年年度复合增长率为 25.73%(图 6.2)。

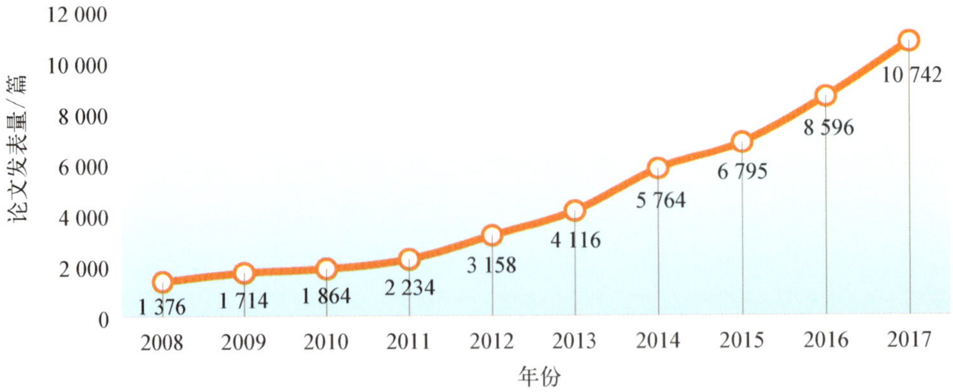

图 6.2　2008—2017 年论文年度发表数量

6.2 创新热点

1. 专利技术热点聚焦数字信息、通信等技术

从专利技术热点角度看，2017 年深圳市技术创新热点集中在数字信息技术、光控制、通信技术等方面。与 2012—2016 年热点技术相比，变化不大，其中可选的内容分发替代了无线通信监督，监控或测试装置排入了前 10 位（表 6.1，图 6.3）。

表 6.1 十大热点专利技术排名对比

排名	2017 年		2012—2016 年	
	热点技术	专利数量	热点技术	专利数量
1	数据交换网络	1 110	数据交换网络	4 656
2	数字信息传输的装置、设备、电路和系统	875	数字信息传输的装置、设备、电路和系统	3 422
3	数据输入输出装置	760	光控制	2 287
4	无线本地资源管理	685	数据输入输出装置	2 163
5	专用数字计算设备或数据处理设备、方法	556	无线本地资源管理	1 933
6	光控制	516	专用数字计算设备或数据处理设备、方法	1 736
7	<u>可选的内容分发</u>	433	无线通信网络的业务或设施	1 456
8	电话通信分局设备	410	程序控制装置	1 283
9	程序控制装置	397	电话通信分局设备	1 175
10	无线通信网络的业务或设施	361	<u>无线通信监督，监控或测试装置</u>	1 135

注：下划线为两个年份段不同的热点技术。

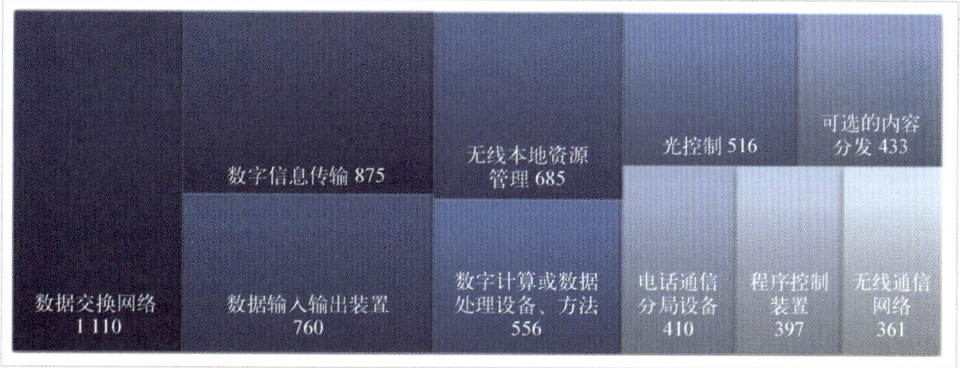

图 6.3 2017 年十大热点专利技术

2. 新兴技术产业研发排名第 2 位,聚焦无人机、无人驾驶等技术

从新兴技术研发角度看,在我们筛选出的十大新兴技术 PCT 专利数量上,深圳仅次于东京排在 20 个城市中的第 2 位。分项排名中,无人机排在第 1 位,人工智能、区块链、石墨烯、无人驾驶、虚拟现实、边缘计算方面排名前 5 位。同时,深圳对无人机、无人驾驶、虚拟现实技术研发更为关注,形成一定规模的专利产出(图 6.4)。

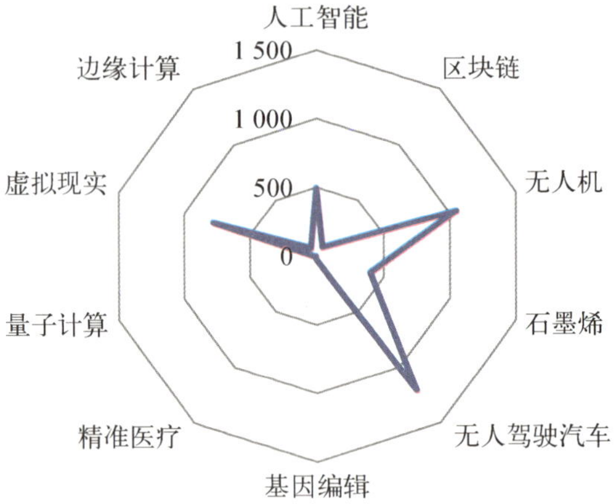

图 6.4　十大新兴技术 PCT 专利数量

3. 学术研究热点聚焦工程电子、材料科学、应用物理和计算机科学等领域

从学术论文研究热点看,2017 年深圳市的主要学术研究方向为工程电子、材料科学、应用物理和计算机科学等领域,与 2014—2016 年热点技术基本一致(表 6.2,图 6.5)。

表 6.2　学术论文十大热点领域排名对比

排名	2017 年		2014—2016 年	
	热 点 技 术	论文数量	热 点 技 术	论文数量
1	工程电子与电气	2 014	工程电子与电气	4 073
2	材料科学,多学科	1 278	材料科学,多学科	2 153
3	应用物理	868	应用物理	1 426
4	化学,多学科	730	光学	1 237
5	纳米科学与技术	693	通信	1 179
6	通信	672	计算机科学,信息系统	1 167
7	化学物理	648	多学科科学	1 160
8	光学	609	计算机科学,理论与方法	1 125

续 表

排名	2017 年		2014—2016 年	
	热 点 技 术	论文数量	热 点 技 术	论文数量
9	计算机科学,人工智能	558	化学,多学科	1 119
10	多学科科学	552	计算机科学,人工智能	1 079

注:下划线为两个年份段不同的热点技术。

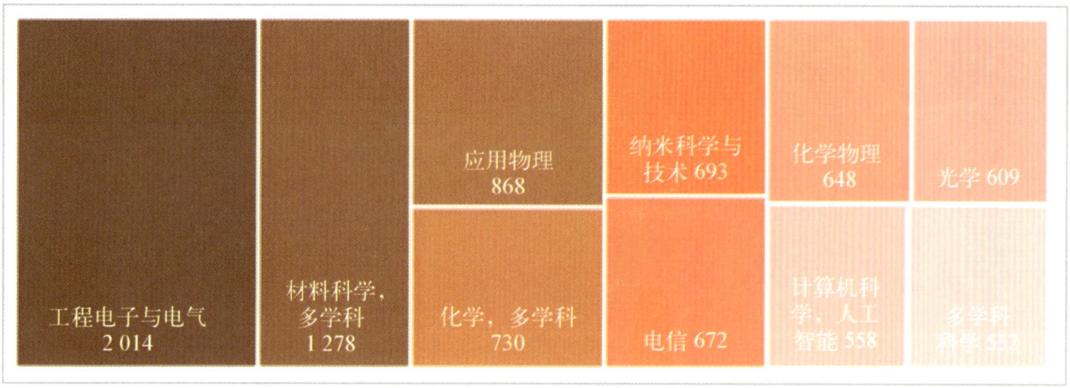

图 6.5 2017 年学术论文十大热点领域

4. 新兴技术学术研究方面关注石墨烯技术

从新兴技术学术研究角度看,在我们筛选出的十大新兴技术 SCI 和 CPCI 论文数量上,深圳在 20 个城市中排名落后。同时,深圳对石墨烯的学术研究较为关注,有一定数量的学术成果产出(图 6.6)。

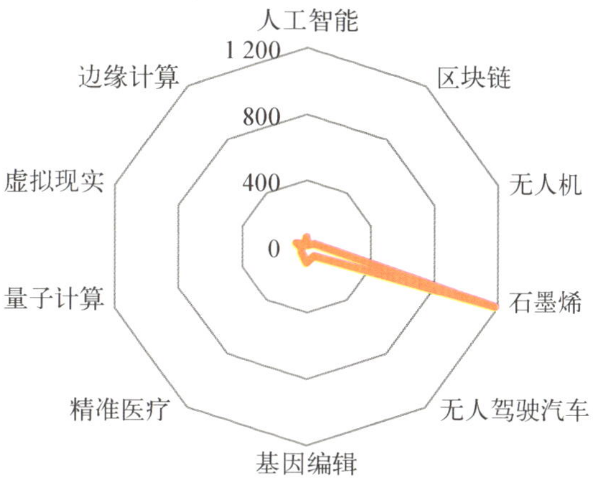

图 6.6 十大新兴技术论文数量

6.3 创新质量

1. 专利质量很弱，高质量专利占比较少

专利质量指标数值见表 6.3。

表 6.3 2015—2017 年专利质量指标

指标	数值
专利全球申请	2015—2017 年共申请 40 446 项 PCT 专利共 40 321 个专利族，包含全球 119 417 项同族专利，平均每个专利族包含 3.0 项同族专利
专利授权情况	有 7 623 个专利族包含一个或一个以上发明专利获得专利授权，占专利族数量的 18.9%
权利要求数量	专利权利要求数量 704 140 项，平均每个专利族包含 17.6 项权利要求，单个专利族最高权利要求数量为 701 项
被专利引用情况	被其他专利引用 15 901 次，平均每个专利族被引用 0.39 次，单个专利族最高被引用 96 次
高质量专利数量	被引次数大于 10 次的专利族数量 205 项，占比 0.51%
引用专利情况	引用其他专利 173 434 次，平均每个专利族引用其他专利 4.30 次，单个专利族最高引用其他专利 28 次
涉及的技术广度	涵盖 2 357 个 IPC 大组，8 353 个 IPC 小组

2. 学术论文平均质量较低，高质量论文比重较低

2015—2017 年深圳市发表的学术论文共计被引用 137 634 次，单篇最高被引 1 675 次，发表 ESI 高被引论文 397 篇；深圳市通讯作者机构的论文被引用 53 446 次，单篇最高被引 1 180 次，发表 ESI 高被引论文 148 篇。

6.4 创新主体

1. 企业掌握技术创新话语权，专利机构集中度高，华为和中兴占超四成

2017 年深圳市排名前 10 位的机构申请人申请的专利族数量为 10 250 个，占比

61.6%，呈现出专利集中于大机构的特点，且排名前10位的均为企业。排名前100家机构包括95家企业、5所高校与研究机构，专利占比分别为97.9%、2.2%，企业专利占比极高。

表6.4 2017年专利申请人前10位排名

排名	专 利 申 请 人	专利数量	申请人属性
1	华为技术有限公司	4 032	企业
2	中兴通讯股份有限公司	3 350	企业
3	华星光电技术有限公司	1 039	企业
4	腾讯科技(深圳)有限公司	566	企业
5	宇龙计算机通信科技(深圳)有限公司	517	企业
6	深圳市大疆创新科技有限公司	269	企业
7	TCL数码科技(深圳)有限责任公司	191	企业
8	深圳市中兴微电子技术有限公司	169	企业
9	比亚迪股份有限公司	159	企业
10	深圳市银信网银科技有限公司	127	企业

2. 学术创新主体为大学和研究机构

2017年深圳市发表论文数量排名前十的机构中，有6所大学，2家研究机构，2家企业。排名前10位机构的发文量为4 493篇，占深圳发文量的41.8%。排名前100家机构包括92家研究机构、4家医疗机构、3家企业，论文量占比分别为91.7%、2.4%和4.0%（表6.5）。

表6.5 2017年学术论文发表机构前10位排名

排名	机 构	论文数量	机构类型
1	深圳大学	2 693	大学
2	南方科技大学	1 157	大学
3	深圳华大基因股份有限公司	239	企业
4	华为技术有限公司	148	企业

续 表

排名	机　　构	论文数量	机构类型
5	深圳职业技术学院	125	大学
6	哈尔滨工业大学(深圳)	86	大学
7	香港科技大学深圳研究院	80	研究机构
8	深圳市疾病预防控制中心	78	研究机构
9	深圳信息职业技术学院	77	大学
10	清华-伯克利深圳学院	70	大学

6.5 创新合力

1. 技术创新合力处于中游偏上水平

技术创新合力数值见表 6.6。

表 6.6　2017 年技术创新合力

指　　标	数　　　　值
申请人合作	2017 年申请人合作申请的专利族有 737 个,占专利总量的 4.4%。申请人最多的一项专利有 9 个申请人共同申请
产学研合作	企业和研究机构之间合作申请的专利族数量为 104 个,占机构专利总量的 0.8%
引用非专利文献	引用非专利文献 60 382 次,平均每个专利族引用非专利文献 3.63 次,单个专利族最高引用非专利文献数量 67 篇

2. 学术创新合力处于中游偏下水平,基金资助比例较高,国际合作比例较低

(1) 政府资助论文数：2017 年深圳市发表的论文中,政府基金项目资助的论文有 9 470 篇,占 88.2%。

(2) 合作国家和地区排名：深圳市发表的论文共与 87 个国家和地区有合作关系,这些合作的论文(总量 3 344 篇)占深圳市论文量的 31.1%(图 6.7)。

(3) 机构合作：两家或更多机构合作的论文共有 8 860 篇,占 82.5%。其中,合作机构最多的一篇论文有 162 家机构参与合作。

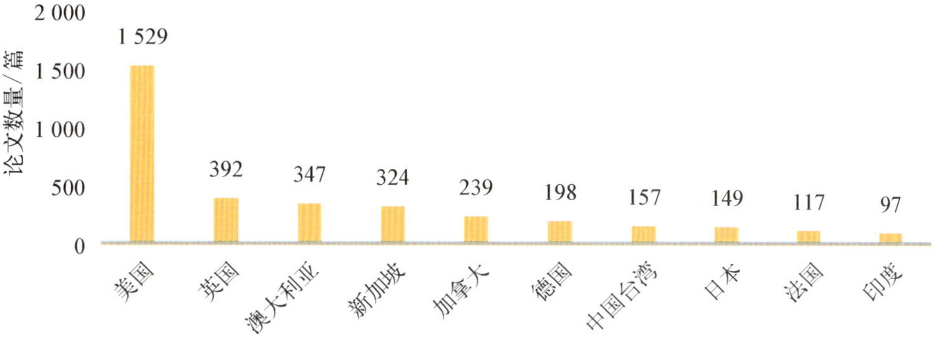

图 6.7 2017 年深圳市学术论文合作前 10 位国家和地区

第7章

纽　约

纽约是美国最大的城市及第一大港，世界第十三大城市。作为世界上最重要的商业和金融中心之一，纽约与英国伦敦、日本东京并称为世界三大国际都会。纽约市占地783.8平方公里，人口超过862.3万，是全美人口数量最多、密度最大的城市。

2017年纽约市的生产总值达到9 007亿美元，在经济实力上稳稳地排在世界前列。纽约市拥有一大批世界闻名的高等教育机构，如哥伦比亚大学、康奈尔大学、斯隆凯特森癌症研究中心、霍华德·休斯医学研究所等全球顶尖高校和科研机构。此外，纽约市还汇集了诸多全球500强企业的总部。金融危机之后，纽约市更为注重产业结构多元化发展，不断推动科学技术创新及其成果的商业转化。

7.1 创新态势

1. PCT专利年度公开量快速下滑后趋稳定

2008—2017年，美国纽约市申请并公开了12 226项PCT专利，共12 099个专利族。其中，2017年为1 049个专利族，平均万人PCT专利数量为1.2项。从专利年度公开量上看，2008—2010年间，专利数量呈快速下降，企稳后目前处于平稳状态。PCT专利十年年度复合增长率为−7.48%，近三年年度复合增长率为0.79%(图7.1)。

2. 论文数量缓慢增长

2008—2017年间，纽约市每年发表的SCI和CPCI学术论文数量，呈现出较缓慢的增长趋势，2017年论文数量略有减少。2017年纽约市共发表重要论文35 298篇。十年年度复合增长率达5.34%，近三年年度复合增长率为1.26%(图7.2)。

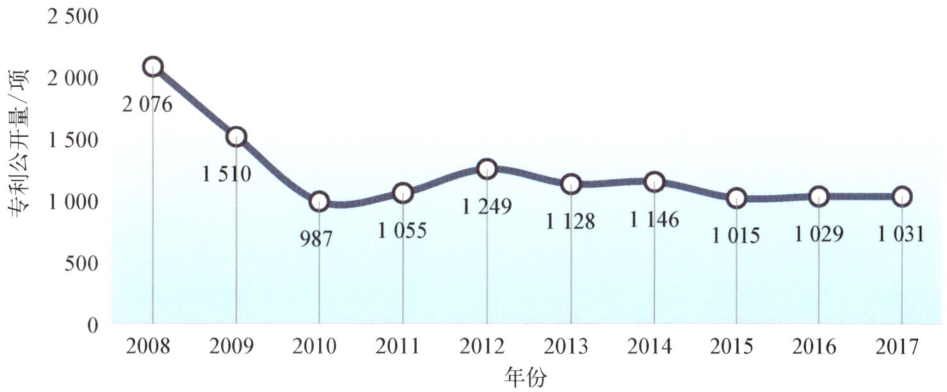

图 7.1 2008—2017 年 PCT 专利年度公开量

图 7.2 2008—2017 年学术论文年度发表数量

7.2 创新热点

1. 专利技术热点聚焦医药制品、化妆品

从专利技术热点角度看，2017 年纽约技术创新热点集中在医药制品、化妆品、材料分析、数据处理等方面。与 2012—2016 年热点技术相比，免疫球蛋白、未分化的动植物细胞替代了商业数据处理系统或方法、酶或微生物的测定方法，进入前 10 位，技术研发热点有向生物医药发展的倾向(表 7.1，图 7.3)。

表 7.1　十大热点专利技术排名对比

排名	2017 年		2012—2016 年	
	热点技术	专利数量	热点技术	专利数量
1	含有机有效成分医药配制品	145	含有机有效成分医药配制品	638
2	化妆品或梳妆品	83	化妆品或梳妆品	370
3	含有抗原或抗体的医药配制品	72	含有抗原或抗体的医药配制品	264
4	利用特殊方法来研究或分析材料	63	数字计算设备或数据处理方法	253
5	数字计算或数据处理设备、方法	62	商业数据处理系统或方法	247
6	抗肿瘤药	60	酶或微生物的测定或检验方法	241
7	免疫球蛋白	59	利用特殊方法来研究或分析材料	230
8	护理口腔中牙齿或假牙的制剂	51	含肽的医药配制品	201
9	含肽的医药配制品	46	护理口腔中牙齿或假牙的制剂	193
10	未分化的动植物细胞	42	抗肿瘤药	169

注：下划线为两个年份段不同的热点技术。

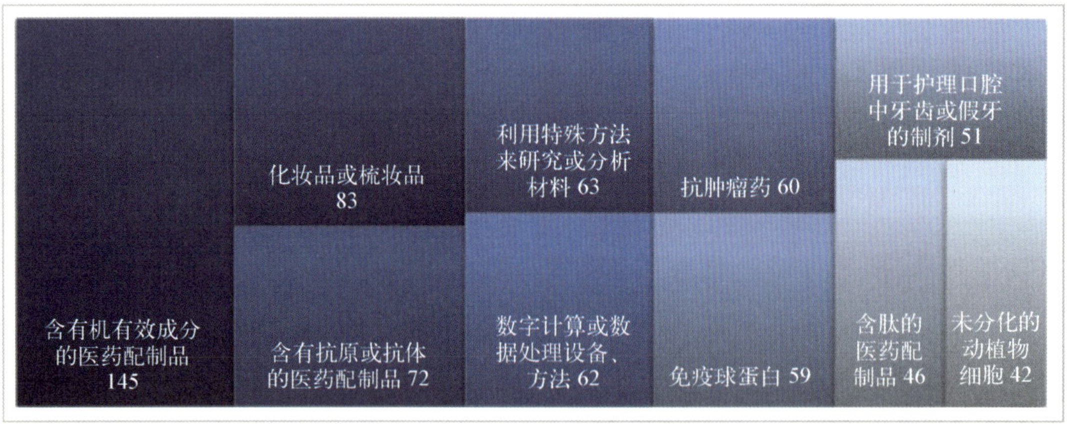

图 7.3　2017 年十大热点专利技术

2. 新兴技术产业研发排名第 3 位，聚焦人工智能、精准医疗、虚拟现实等技术

从新兴技术研发角度看，在我们筛选出的十大新兴技术 PCT 专利数量上，纽约市排在 20 城市中的第 3 位。分项排名中，在人工智能、区块链、基因编辑、精准医疗、量子计算领域排名前 5 位。同时，纽约市对人工智能、精准医疗、虚拟现实技术研发更为关注，形成一定规模的专利产出（图 7.4）。

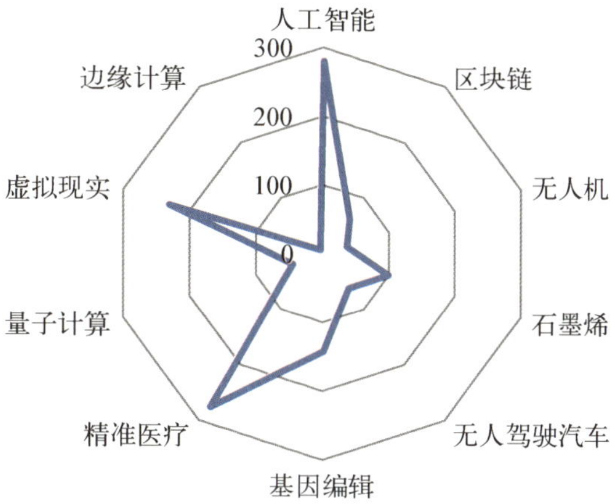

图 7.4 十大新兴技术 PCT 专利数量

3. 学术研究热点聚焦医学领域，并且偏向其中的肿瘤学、外科学、神经学等领域

从学术论文研究热点看，2017 年纽约市的主要学术研究方向为医学领域，并且偏向其中的肿瘤学、外科学、神经学、心血管系统等领域。与 2014—2016 年热点技术相比，放射医学/核医学/医学影像学替代了免疫学进入前 10 位(表 7.2，图 7.5)。

表 7.2 学术论文十大热点领域排名对比

排名	2017 年		2014—2016 年	
	热 点 技 术	论文数量	热 点 技 术	论文数量
1	肿瘤学	3 161	肿瘤学	9 885
2	外科学	1 992	外科学	5 606
3	神经科学	1 976	神经科学	5 413
4	心脏及心血管系统	1 951	心脏及心血管系统	5 364
5	临床神经学	1 903	临床神经学	4 711
6	多学科科学	1 692	精神病学	4 492
7	放射医学，核医学，医学影像学	1 401	公共、环境和职业健康	4 191
8	细胞生物学	1 391	多学科科学	4 158
9	精神病学	1 384	细胞生物学	3 811
10	公共、环境和职业健康	1 230	免疫学	3 670

注：下划线为两个年份段不同的热点技术。

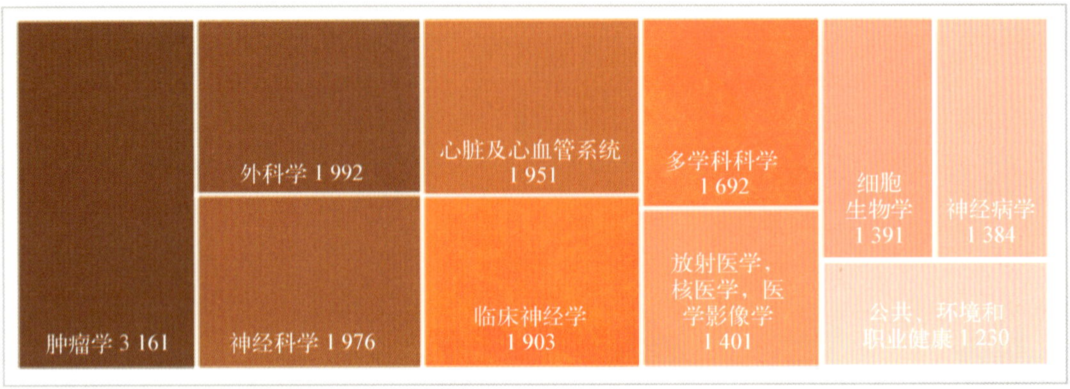

图 7.5　2017 年学术论文十大热点领域

4. 新兴技术学术研究方面关注精准医疗技术

从新兴技术学术研究角度看，在我们筛选出的十大新兴技术 SCI 和 CPCI 论文数量上，纽约市在 20 个城市中在中游偏上位置。分项排名中，基因编辑和精准医疗技术排名前 5 位。同时，纽约市对精准医疗、石墨烯的学术研究较为关注，有丰富的学术成果产出(图 7.6)。

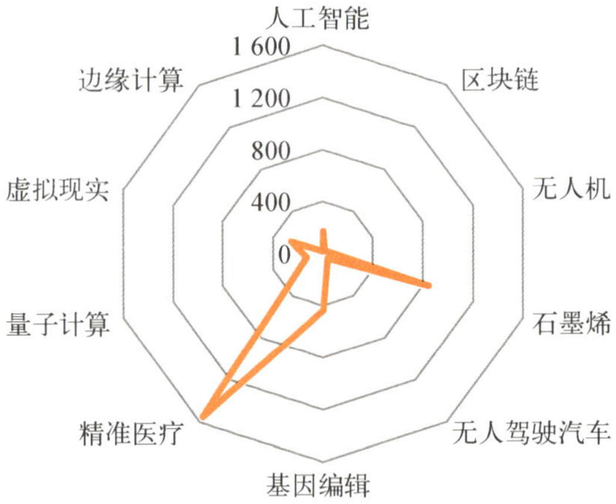

图 7.6　十大新兴技术论文数量

7.3 创新质量

1. 专利质量排名第 4 位，高质量专利占比较高

专利质量指标数值见表 7.3。

表 7.3 2015—2017 年专利质量指标

指 标	数 值
专利全球申请	2015—2017 年共申请 3 262 项 PCT 专利共 3 236 个专利族，包含全球 15 104 项同族专利，平均每个专利族包含 4.7 项同族专利
专利授权情况	有 732 个专利族包含一个或一个以上发明专利获得专利授权，占专利族数量的 22.6%
权利要求数量	专利权利要求数量 95 877 项，平均每个专利族包含 31.5 项权利要求，单个专利族最高权利要求数量为 411 项
被专利引用情况	被其他专利引用 3 014 次，平均每个专利族被引用 0.93 次，单个专利族最高被引用 81 次
高质量专利数量	被引次数大于 10 次的专利族数量 67 项，占比 2.07%
引用专利情况	引用其他专利 22 993 次，平均每个专利族引用其他专利 7.11 次，单个专利族最高引用其他专利 988 次
涉及的技术广度	涵盖 1 055 个 IPC 大组，3 286 个 IPC 小组

2. 学术论文平均质量较高

2015—2017 年纽约市发表的学术论文共计被引用 733 649 次，单篇最高被引 3 288 次，发表 ESI 高被引论文 2 688 篇；纽约市通讯作者机构的论文被引用 277 819 次，单篇最高被引 3 263 次，发表 ESI 高被引论文 894 篇。

7.4 创新主体

1. 大学与研究机构拥有较多专利

2017 年纽约市排名前 10 位的纽约市机构申请人申请的专利族数量为 482 个，占比 45.9%，呈现出专利较为集中在大机构的特点。排名前 100 家机构包括 86 家企业、11 所大学与研究机构、2 家医疗机构，专利占比分别为 63.2%、38.8%和 0.5%，大学专利占比较高(表 7.4)。

表 7.4 2017 年专利申请人前 10 位排名

排名	专 利 申 请 人	专利数量	申请人属性
1	COLGATE PALMOLIVE CO(高露洁-棕榄公司)	121	企业
2	UNIV COLUMBIA NEW YORK(哥伦比亚大学)	113	大学

续 表

排名	专 利 申 请 人	专利数量	申请人属性
3	SLOAN KETTERING INST CANCER RES(斯隆-凯特琳癌症中心)	76	医疗机构
4	PFIZER INC(辉瑞制药公司)	58	企业
5	UNIV NEW YORK STATE(纽约州立大学)	44	大学
6	ICAHN SCHOOL MEDICINE(伊坎医学院)	36	大学
7	CORIANT ADVANCED TECHNOLOGY LLC(科锐安先进科技有限公司)	15	企业
8	ELENION TECHNOLOGIES LLC(艺兰能工艺有限责任公司)	13	企业
9	UNIV ROCKEFELLER(洛克菲勒大学)	12	大学
10	INT FLAVORS & FRAGRANCES INC(国际香精香料公司)	11	企业

2. 学术创新前 10 位机构排名中,医疗机构占据半壁江山

2017 年纽约市研究论文发表机构主要为大学和医疗机构,前 10 位机构中有 5 所机构为大学,5 家为医疗机构。发表学术论文数量排名前 10 位机构的发文量为 26 437 篇,占纽约发文量的 74.9%。排名前 100 家机构中 82 家为研究机构,论文量占比 79.1%,另外有 17 家医疗机构,论文量占比 25.1%(表 7.5)。

表 7.5　2017 年学术论文发表机构前 10 位排名

排名	机　　构	论文数量	机构类型
1	Columbia Univ(哥伦比亚大学)	8 781	大学
2	NYU(纽约大学)	5 760	大学
3	Icahn Sch Med Mt Sinai(西奈山伊坎医学院)	4 031	医疗机构
4	Mem Sloan Kettering Canc Ctr(纪念斯隆-凯特琳癌症中心)	3 603	医疗机构
5	Weill Cornell Med Coll(威尔康乃尔医学院)	3 017	医疗机构
6	CUNY(纽约市立大学)	1 374	大学

续 表

排名	机　　构	论文数量	机构类型
7	Cornell Univ(康奈尔大学)	1 047	大学
8	Rockefeller Univ(洛克菲勒大学)	868	大学
9	Hosp Special Surg(特种外科医院)	703	医疗机构
10	New York Presbyterian Hosp(纽约长老会医院)	583	医疗机构

7.5 创 新 合 力

1. 较好的技术创新合力,良好的技术和学术间的借鉴

技术创新合力数值见表 7.6。

表 7.6　2017 年技术创新合力

指　标	数　　值
申请人合作	2017 年申请人合作申请的专利族有 233 个,占专利总量的 22.2%。申请人最多的一项专利有 16 个申请人共同申请
产学研合作	企业和研究机构之间合作申请的专利族数量为 38 个,占机构专利总量的 3.9%
引用非专利文献	引用非专利文献 8 654 次,平均每个专利族引用非专利文献 8.25 次,单个专利族最高引用非专利文献数量 302 篇

2. 学术创新合力处于中游水平

(1) 政府资助论文数：2017 年纽约市发表的论文中,政府基金项目资助的论文有 20 811 篇,占 59.0%。

(2) 合作国家和地区排名：纽约市发表的论文共与 189 个国家和地区有合作关系,这些合作的论文(总量 14 521 篇)占纽约市论文量的 41.1%,其中与中国合作的学术论文数量为 2 200 篇,排在所有合作国家和地区的第 4 位(图 7.7)。

(3) 机构合作：两家或更多机构合作的论文共有 27 871 篇,占 79.0%。其中,合作机构最多的一篇论文有 569 家机构参与合作。

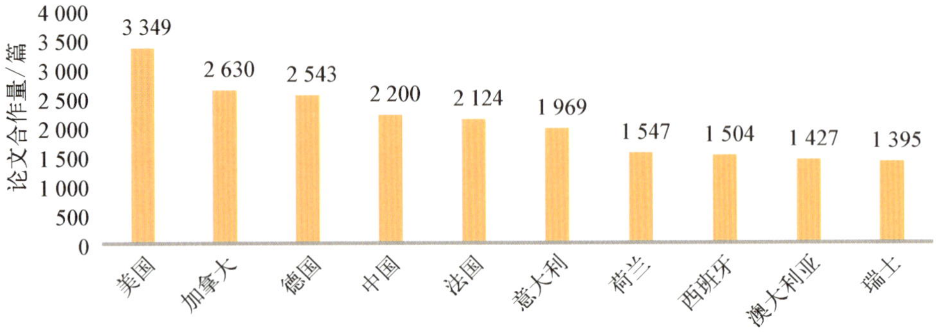

图 7.7　2017 年纽约市学术论文合作前 10 位国家和地区

第8章

波士顿

波士顿市位于美国东北部大西洋沿岸，占地约125平方公里，人口约68.5万，人口密度约为5 480人每平方公里，是美国马萨诸塞州的首府和最大城市。经过30多年的城市建造和经济转型后，波士顿已逐渐成为世界上就业岗位最丰富，人口受教育程度最高，最为多元、年轻和具有创新活力的城市之一。

波士顿市的高等教育和健康医疗服务在全球首屈一指。所拥有的知名高校包括波士顿大学、麻省大学波士顿分校等，举世闻名的哈佛、麻省理工也比邻而居。波士顿市还拥有麻省总医院、布列根和妇女医院、波士顿儿童医院等知名医疗机构，且这些机构与哈佛医学院、塔夫茨大学医学院、波士顿医学院都有紧密的人才交流与研究合作。

8.1 创新态势

1. PCT专利年度公开数量快速下滑后企稳

2008—2017年，波士顿申请并公开了8 731项PCT专利，共8 656个专利族。其中，2017年为787个专利族，平均万人PCT专利数量为11.6项。从PCT专利年度公开量上看，总体呈现快速下滑后企稳的迹象。经历2008—2010年专利公开量快速下滑后，出现数年波动式下滑走势，目前有企稳的迹象。PCT专利十年年度复合增长率为－5.91%，近三年年度复合增长率为2.16%(图8.1)。

2. 年度论文数量呈缓慢上升趋势，近两年增幅放缓

2008—2017年间，波士顿每年发表的重要论文(包括SCI、CPCI)数量呈现出较平稳的增长趋势，最近两年内增长幅度放缓。2017年波士顿市共发表重要学术论文35 372篇。十年年度复合增长率达5.16%，近三年年度复合增长率为1.77%(图8.2)。

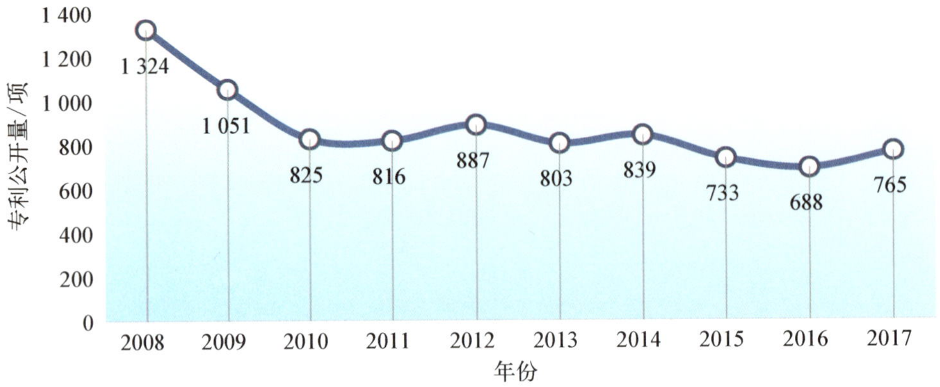

图 8.1　2008—2017 年 PCT 专利年度公开量

图 8.2　2008—2017 年论文年度发表数量

8.2　创 新 热 点

1. 专利技术热点聚焦医药制品、基因工程、生化检测等

从专利技术热点角度看，2017 年波士顿技术创新热点集中在医药制品、生物工程、生化检测等方面。与 2012—2016 年热点技术相比变化不大(表 8.1，图 8.3)。

表 8.1　十大热点专利技术排名对比

排名	2017 年		2012—2016 年	
	热 点 技 术	专利数量	热 点 技 术	专利数量
1	含有机有效成分医药配制品	128	含有机有效成分医药配制品	582
2	突变或遗传工程	82	研究或分析材料的特殊方法	290

续　表

排名	2017 年		2012—2016 年	
	热 点 技 术	专利数量	热 点 技 术	专利数量
3	酶或微生物的测定或检验方法	74	酶或微生物的测定或检验方法	277
4	研究或分析材料的特殊方法	69	含有抗原或抗体的医药配制品	230
5	含有抗原或抗体的医药配制品	61	突变或遗传工程	224
6	含肽的医药配制品	58	含肽的医药配制品	218
7	未分化的动植物细胞	54	用于诊断目的的测量	204
8	用于医学诊断目的的测量	49	抗肿瘤药	201
9	免疫球蛋白	46	未分化的动植物细胞	143
10	具有多于 20 个氨基酸的肽；促胃液素；生长激素释放抑制因子；促黑激素；其衍生物	44	敞开型或刀型剃刀，安全剃刀或其他修面修发装置	114

注：下划线为两个年份段不同的热点技术。

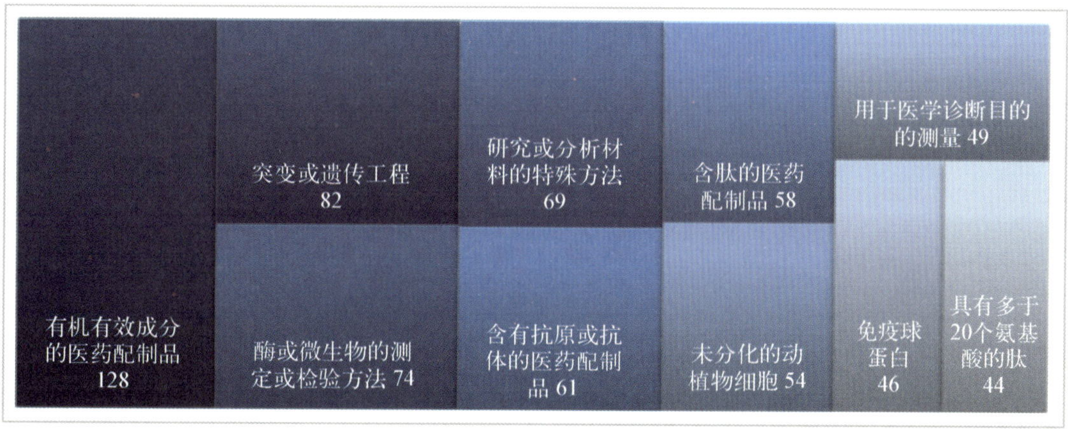

图 8.3　2017 年十大热点专利技术

2. 新兴技术产业研发排名领先，聚焦基因编辑、精准医疗技术

从新兴技术研发角度看，在我们筛选出的十大新兴技术 PCT 专利数量上，波士顿排名在 20 个城市中处于领先地位。分项排名中，在基因编辑、精准医疗技术排名第 1 位，量子计算技术排名第 5 位(图 8.4)。

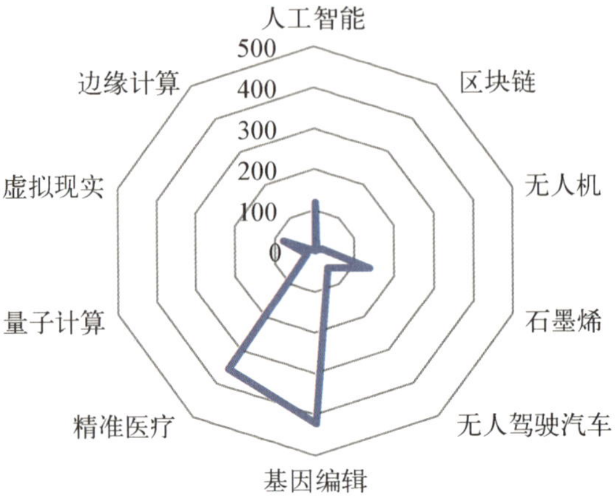

图 8.4　十大新兴技术 PCT 专利数量

3. 学术研究热点聚焦医学领域，并且偏向其中的肿瘤学、神经学等领域

从学术论文研究热点看，2017 年波士顿的主要学术研究方向为医学领域，并且偏向其中的肿瘤学、心血管系统等领域，与 2014—2016 年热点相比基本一致(表 8.2，图 8.5)。

表 8.2　学术论文十大热点领域排名对比

排名	2017 年		2014—2016 年	
	热 点 技 术	论文数量	热 点 技 术	论文数量
1	肿瘤学	3 231	肿瘤学	9 981
2	临床神经学	2 162	心脏及心血管系统	5 900
3	外科学	1 981	外科学	5 630
4	心脏及心血管系统	1 965	临床神经学	5 114
5	神经科学	1 958	医学，全科和内科	5 003
6	多学科科学	1 729	公共、环境和职业健康	4 906
7	细胞生物学	1 689	神经科学	4 829
8	医学，全科和内科	1 613	多学科科学	4 531
9	公共、环境和职业健康	1 551	细胞生物学	4 514
10	生物化学与分子生物学	1 449	生物化学与分子生物学	4 097

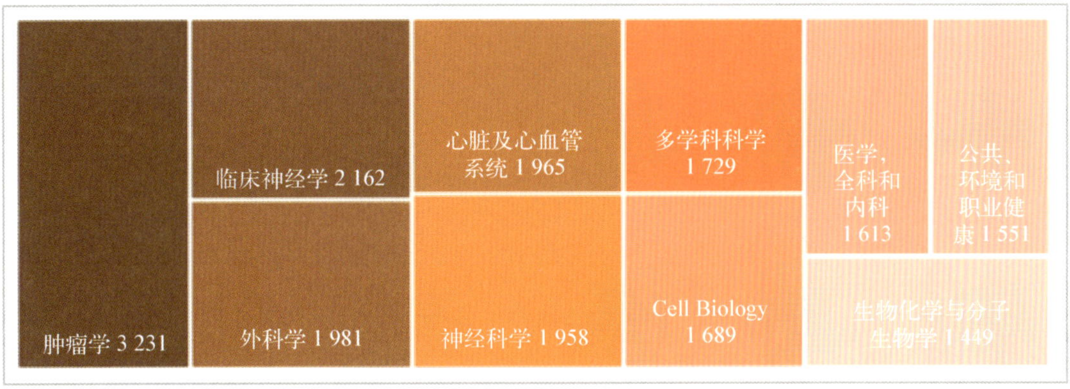

图 8.5　2017 年学术论文十大热点领域

4. 新兴技术学术研究居前,关注精准医疗技术

从新兴技术学术研究角度看,在我们筛选出的十大新兴技术 SCI 和 CPCI 论文数量上,波士顿在 20 个城市中排名居前。分项排名中,精准医疗排名第 1 位,基因编辑排名前 2 位。同时,波士顿对精准医疗的学术研究更为关注,有丰富的学术成果产出(图 8.6)。

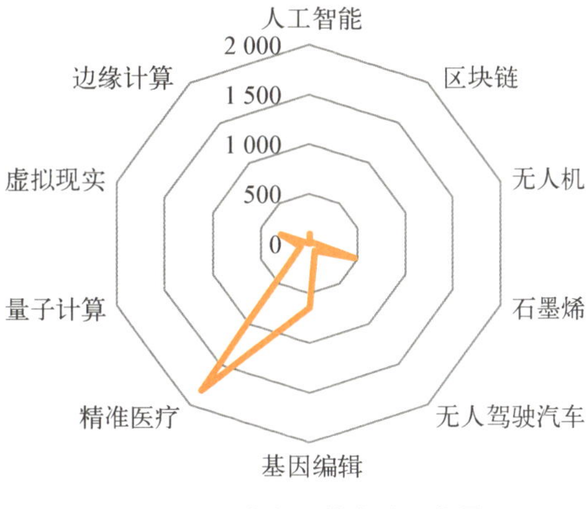

图 8.6　十大新兴技术论文数量

8.3 创新质量

1. 专利质量居首

专利质量指标数值见表 8.3。

表 8.3 2015—2017 年专利质量指标

指　标	数　值
专利全球申请	2015—2017 年共申请 2 305 项 PCT 专利共 2 291 个专利族，包含全球 9 191 项同族专利，平均每个专利族包含 4.0 项同族专利
专利授权情况	有 313 个专利族包含一个或一个以上发明专利获得专利授权，占专利族数量的 13.7%
权利要求数量	专利权利要求数量 93 095 项，平均每个专利族包含 42.8 项权利要求，单个专利族最高权利要求数量为 827 项
被专利引用情况	被其他专利引用 2 967 次，平均每个专利族被引用 1.3 次，单个专利族最高被引用 87 次
高质量专利数量	被引次数大于 10 次的专利族数量 65 项，占比 2.84%
引用专利情况	引用其他专利 18 865 次，平均每个专利族引用其他专利 8.2 次，单个专利族最高引用其他专利 430 次
涉及的技术广度	涵盖 767 个 IPC 大组，2 469 个 IPC 小组

2. 学术论文质量极高

2015—2017 年波士顿发表的学术论文共计被引用 804 742 次，单篇最高被引 3 288 次，发表 ESI 高被引论文 2 895 篇；波士顿通讯作者机构的论文被引用 312 397 次，单篇最高被引 1 545 次，发表 ESI 高被引论文 1 055 篇。

8.4 创新主体

1. 医疗机构和学术机构拥有较高专利占比

2017 年波士顿排名前 10 位的机构申请人申请的专利族数量为 502 个，占比 63.8%，呈现出专利集中在大机构的特点，且多为医疗机构、大学及研究机构。排名前100家机构包括66家企业、25所高校与研究机构、7家医疗机构，专利占比分别为33.3%、42.8%和44.7%，研究机构和医疗机构专利占比较高。

表8.4 2017年专利申请人前10位排名

排名	专利申请人	专利数量	申请人属性
1	GEN HOSPITAL CORP(麻省总医院)	138	医疗机构
2	DANA FARBER CANCER INST INC(丹娜法伯癌症研究院)	86	研究机构
3	BRIGHAM & WOMENS HOSPITAL INC(布莱根妇女医院)	68	医疗机构
4	CHILDRENS MEDICAL CENT(儿童医学中心)	59	医疗机构
5	UNIV MASSACHUSETTS(马萨诸塞大学)	50	大学
6	GILLETTE CO LLC(吉列有限责任公司)	33	企业
7	UNIV BOSTON(波士顿大学)	28	大学
8	MASSACHUSETTS EYE & EAR INFIRMARY(麻省眼耳医院)	25	大学
9	UNIV NORTHEASTERN(东北大学)	23	大学
10	BETH ISRAEL DEACONESS MEDICAL CENT(贝斯以色列女执事医疗中心)	21	医疗机构

2. 医疗机构在学术创新中占据重要地位

2017年波士顿市研究论文发表机构多为医疗机构和大学，前10位机构中有3家机构为大学，7家为医疗机构。发表学术论文数量排名前10位机构的发文量为30 827篇，占波士顿发文量的87.2%。排名前100家机构中84家为研究机构，论文量占比84.3%，另外16家医疗机构，论文量占比46.9%。

表8.5 2017年学术论文发表机构前10位排名

排名	机构	论文数量	机构类型
1	Harvard Med Sch(哈佛医学院)	15 174	医疗机构
2	Massachusetts Gen Hosp(麻省总医院)	5 538	医疗机构

续 表

排名	机　　构	论文数量	机构类型
3	Brigham & Womens Hosp(布列根和妇女医院)	4 954	医疗机构
4	Boston Univ(波士顿大学)	4 869	大学
5	Harvard TH Chan Sch Publ Hlth(哈佛陈曾熙公共卫生学院)	2 493	医疗机构
6	Boston Childrens Hosp(波士顿儿童医院)	2 268	医疗机构
7	Dana Farber Canc Inst(丹娜法伯癌症研究院)	2 154	医疗机构
8	Northeastern Univ(东北大学)	1 996	大学
9	Beth Israel Deaconess Med Ctr(贝斯以色列女执事医疗中心)	1 835	医疗机构
10	Tufts Univ(塔夫茨大学)	1 637	大学

8.5 创新合力

1. 技术创新合力领先,有极高的产学研比例

技术创新合力数值见表8.6。

表8.6　2017年技术创新合力

指　　标	数　　值
申请人合作	2017年申请人合作申请的专利族有303个,占专利总量的38.5%。申请人最多的一项专利有24个申请人共同申请
产学研合作	企业和研究机构之间合作申请的专利族数量为48个,占机构专利总量的8.3%
引用非专利文献	引用非专利文献1 539次,平均每个专利族引用非专利文献1.96次,单个专利族最高引用非专利文献数量209篇

2. 学术创新合力较强

(1) 政府资助论文数:2017年波士顿市发表的论文中,政府基金项目资助的论文有22 255篇,占62.9%。

(2) 合作国家和地区排名：波士顿市发表的论文共与 183 个国家和地区有合作关系，这些合作的论文(总量 15 291 篇)占波士顿市论文量的 43.2%，其中与中国合作的学术论文数量为 2 251 篇，排在所有合作国家和地区的第 4 位(图 8.7)。

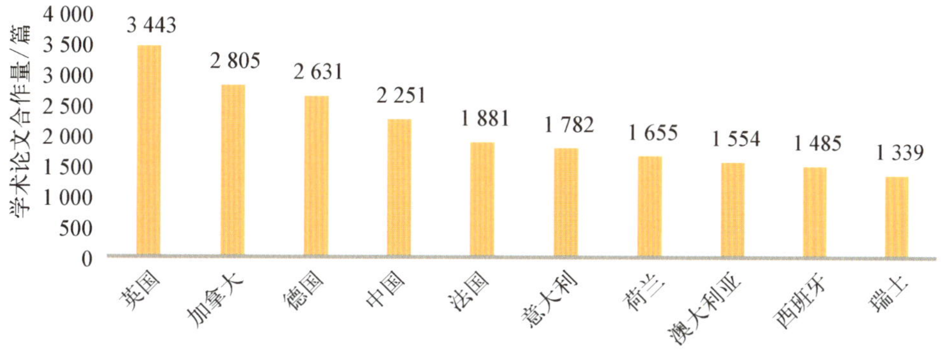

图 8.7　2017 年波士顿市学术论文合作前 10 位国家和地区

(3) 机构合作：两家或更多机构合作的论文共有 30 302 篇，占 85.7%。其中，合作机构最多的一篇论文有 569 家机构参与合作。

第 9 章

洛杉矶

洛杉矶位于美国加利福尼亚州西南部，是美国第二大城市，也是美国西部最大的城市。洛杉矶面积约 1 302.2 平方公里，全市拥有约 400.0 万的人口(2017 年)，是加州人口最多的城市，在全美仅次于纽约市。

传统经济重头包括农业和制造业，尤其是高技术制造业。而今，服务业连同贸易和旅游业，构成了这座城市经济的核心部分，关键的服务业包括商务和专业管理服务、健康服务和研究以及金融服务业。此外，以电影电视及音乐制作为核心的娱乐产业也使洛杉矶成为美国乃至全世界的娱乐产业之都。

洛杉矶的高等教育研究机构也闻名遐迩，历史上也出过不少诺贝尔奖的获得者。在全球高校中名列前茅的加州大学洛杉矶分校是加州大学的最大一所分支。加州州立大学也在洛杉矶拥有洛杉矶分校和北岭分校。作为西部最早的私立大学，南加州大学也拥有实力强劲的专业院校。另外，加州理工学院以及几个知名的文理学院也使得洛杉矶的科学和人文教育独树一帜。

9.1 创新态势

1. PCT 专利年度公开量下滑趋势明显

2008—2017 年，洛杉矶申请并公开了 4 932 项 PCT 专利，共 4 865 个专利族。其中，2017 年为 325 个专利族，平均万人 PCT 专利数量为 0.8 项。从专利年度公开量上看，2008—2010、2012—2015 两个时间段专利数量出现快速下滑，目前得到暂时企稳。PCT 专利 10 年年度复合增长率为－10.74%，近 3 年年度复合增长率为 10.19%(图 9.1)。

2. 论文年度发表数量呈缓慢上升趋势

2008—2017 年间，洛杉矶市每年发表的重要论文(包括 SCI、CPCI)数量，呈现出较平

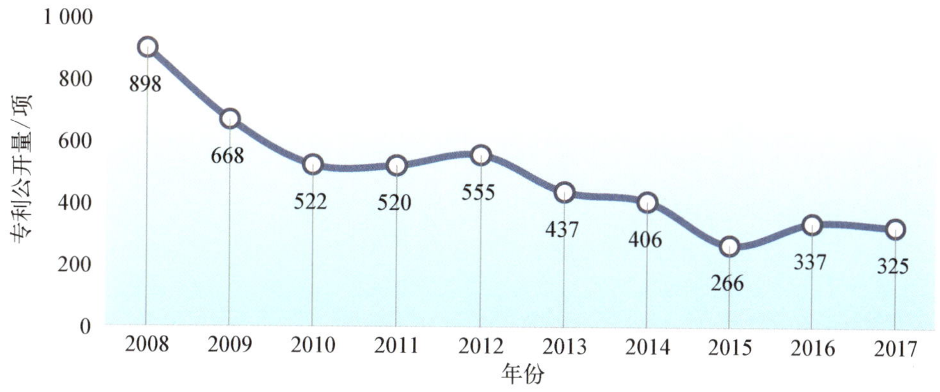

图 9.1　2008—2017 年 PCT 专利年度公开量

稳的缓慢增长趋势。2017 年略有下降。2017 年洛杉矶市共发表重要学术论文 18 938 篇。近十年年度复合增长率为 3.42%,近三年年度复合增长率为 0.06%(图 9.2)。

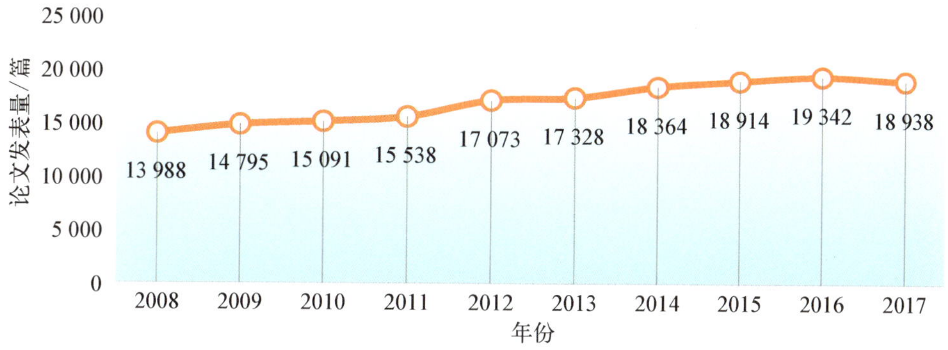

图 9.2　2008—2017 年论文年度发表数量

9.2　创新热点

1. 专利技术热点聚焦生物医药和医学诊疗

从专利技术热点角度看,2017 年洛杉矶技术创新热点中,生物医药和医学诊疗比较突出,创新热点主要集中在医药制品、材料分析、生化检测、基因工程、医学诊断等方面(图 9.3)。

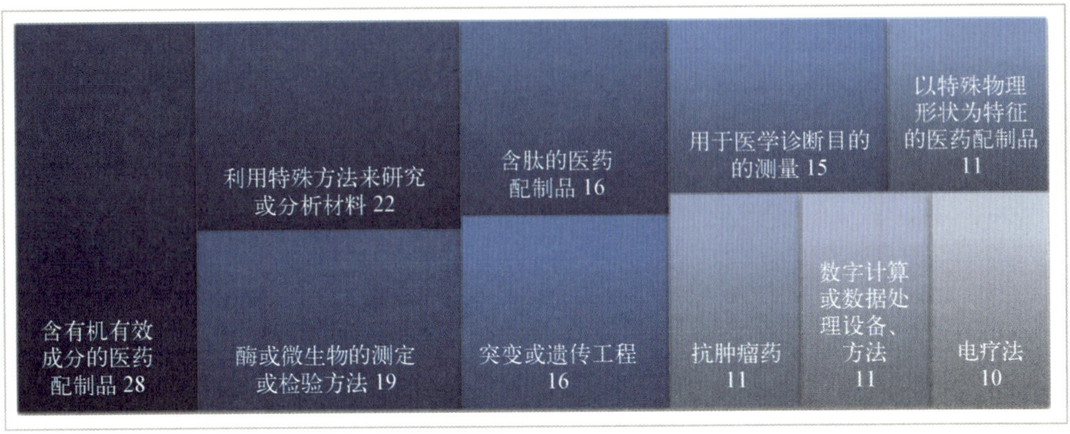

图 9.3　2017 年十大热点专利技术

2. 新兴技术产业研发关注精准医疗技术

从新兴技术研发角度看，在我们筛选出的十大新兴技术 PCT 专利数量上，洛杉矶排名位于 20 个城市中游位置。分项排名中，精准医疗技术排名第 5 位。同时，洛杉矶对虚拟现实技术研发更为关注，形成一定数量的专利产出（图 9.4）。

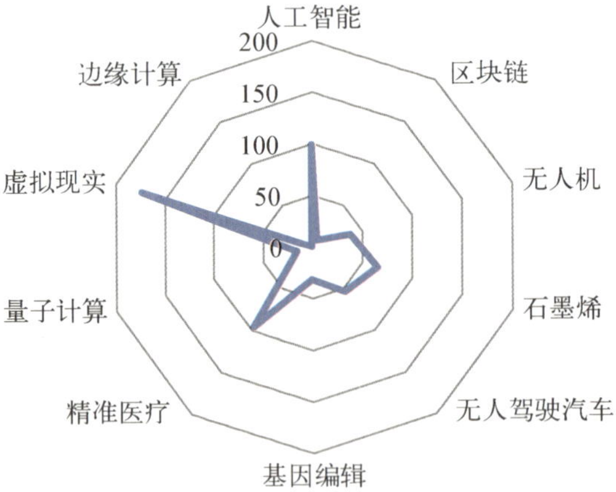

图 9.4　十大新兴技术 PCT 专利数量

3. 学术研究热点聚焦医学领域

从学术论文研究热点看，2017 年洛杉矶市的主要学术研究方向为医学领域，并且偏向其中的肿瘤学（图 9.5）。

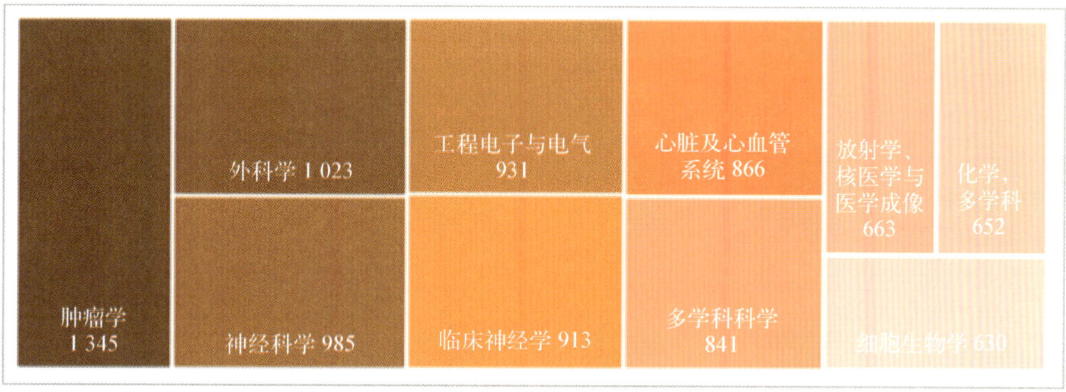

图 9.5　2017 年学术论文十大热点领域

4. 新兴技术学术研究领域排名居中,关注精准医疗和石墨烯技术

从新兴技术学术研究角度看,在我们筛选出的十大新兴技术 SCI 和 CPCI 论文数量上,洛杉矶排在 20 个城市中游位置。同时,洛杉矶对精准医疗和石墨烯领域的学术研究更为关注(图 9.6)。

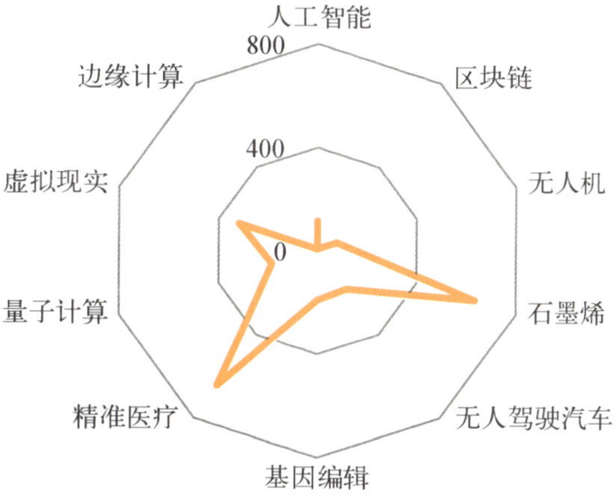

图 9.6　十大新兴技术论文数量

9.3　创新质量

1. 专利平均质量高,专利平均被引用数量高,高质量专利比例高

专利质量指标数值见表 9.1。

表 9.1　2015—2017 年专利质量指标

指　　标	数　　　　值
专利全球申请	2015—2017 年共申请 964 项 PCT 专利共 949 个专利族，包含全球 3 600 项同族专利，平均每个专利族包含 3.8 项同族专利
专利授权情况	有 241 个专利族包含一个或一个以上发明专利获得专利授权，占专利族数量的 25.4%
权利要求数量	专利权利要求数量 24 116 项，平均每个专利族包含 26.7 项权利要求，单个专利族最高权利要求数量为 203 项
被专利引用情况	被其他专利引用 1 569 次，平均每个专利族被引用 1.65 次，单个专利族最高被引用 251 次
高质量专利数量	被引次数大于十次的专利族数量 37 项，占比 3.90%
引用专利情况	引用其他专利 4 782 次，平均每个专利族引用其他专利 5.04 次，单个专利族最高引用其他专利 125 次
涉及的技术广度	涵盖 669 个 IPC 大组，1 572 个 IPC 小组

2. 学术论文平均质量较强

2015—2017 年洛杉矶市发表的学术论文共计被引用 399 578 次，单篇最高被引 3 288 次，发表 ESI 高被引论文 1 325 篇；洛杉矶市通讯作者机构的论文被引用 132 215 次，单篇最高被引 1 155 次，发表 ESI 高被引论文 361 篇。

9.4　创新主体

1. 医疗机构专利占比较高

2017 年洛杉矶排名前 10 位的机构申请人申请的专利族数量为 138 个，占比 42.5%，呈现出专利较为集中在大机构的特点，且多为企业。排名前 100 家机构包括 90 家企业、8 所高校与研究机构、2 家医疗机构，专利占比分别为 64.6%、17.5%和 22.9%，医疗机构专利占比较为突出。

表 9.2　2017 年专利申请人前 10 位排名

排名	专 利 申 请 人	专利数量	申请人属性
1	CEDARS SINAI MEDICAL CENTER（CEDARS SINAI 医疗中心）	53	医疗机构
2	UNIV SOUTHERN CALIFORNIA（南加州大学）	34	大学

续　表

排名	专利申请人	专利数量	申请人属性
3	ECOSENSE LIGHTING INC	12	企业
4	DAQRI LLC	9	企业
5	HYPERLOOP TECHNOLOGIES INC(超级环技术公司)	9	企业
6	ABRAXIS BIOSCIENCE LLC(阿布拉科斯生物科学有限公司)	5	企业
7	NEURAL ANALYTICS INC(神经系统分析公司)	5	企业
8	NSVASCULAR INC	4	企业
9	OMS INVESTMENTS INC(OMS 投资公司)	4	企业
10	GAUDIO LAB INC(Gaudio 实验室)	3	企业

2. 医疗机构在学术创新中占据重要地位

2017 年洛杉矶市研究论文发表机构多为医疗机构。发表学术论文数量排名前 10 位机构的发文量为 17 148 篇，占洛杉矶发文量的 90.6%。排名前 100 家机构包括 87 家研究机构和 13 家医疗机构，论文量占比分别为 88.5%和 20.0%。

表 9.3　2017 年学术论文发表机构前 10 位排名

排名	机构	论文数量	机构类型
1	Univ Calif Los Angeles(加利福尼亚大学洛杉矶分校)	10 218	大学
2	Univ Southern Calif(南加州大学)	5 395	大学
3	Cedars Sinai Med Ctr(西达斯西奈医学中心)	1 560	医疗机构
4	Childrens Hosp Los Angeles(洛杉矶儿童医院)	536	医疗机构
5	Cedars Sinai Heart Inst(雪松西奈山心脏中心)	175	医疗机构
6	VA Greater Los Angeles Healthcare Syst(洛杉矶退伍军人事务部医疗系统)	137	医疗机构
7	Doheny Eye Inst(Doheny 眼科中心)	103	医疗机构
8	Nat Hist Museum Los Angeles Cty(洛杉矶县立自然历史博物馆)	84	研究机构
9	Kaiser Permanente Los Angeles Med Ctr(凯泽永久洛杉矶医学中心)	75	医疗机构
10	David Geffen Sch Med(大卫格芬医学院)	70	医疗机构

9.5 创新合力

1. 技术创新合力排名居中，技术与学术间的借鉴较好

技术创新合力数值见表 9.4。

表 9.4 2017 年技术创新合力

指　　标	数　　　　值
申请人合作	2017 年申请人合作申请的专利族有 79 个，占专利总量的 24.3%。申请人最多的一项专利有 7 个申请人共同申请
产学研合作	企业和研究机构之间合作申请的专利族数量为 8 个，占机构专利总量的 3.6%
引用非专利文献	引用非专利文献 2 380 次，平均每个专利族引用非专利文献 7.32 次，单个专利族最高引用非专利文献数量 127 篇

2. 学术创新合力排名偏后

(1) 政府资助论文数：2017 年洛杉矶市发表的论文中，政府基金项目资助的论文有 12 167 篇，占 64.3%。

(2) 合作国家和地区排名：洛杉矶市发表的论文共与 167 个国家和地区有合作关系，这些合作的论文(总量 7 738 篇)占洛杉矶市论文量的 40.9%，其中与中国合作的学术论文数量为 1 831 篇，排在所有合作国家和地区的第 1 位。

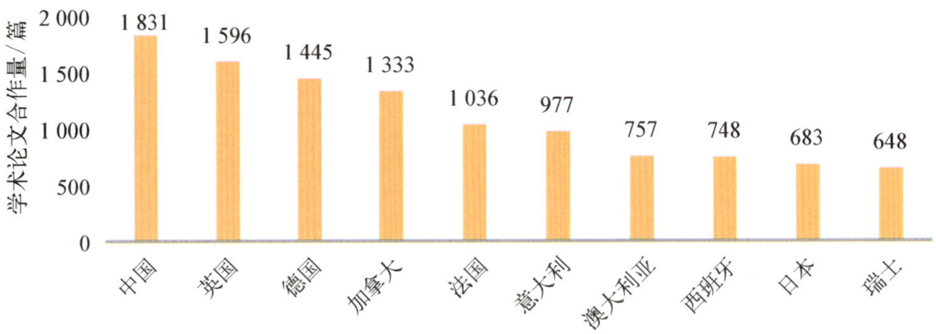

图 9.7 2017 年洛杉矶市学术论文合作前 10 位国家和地区

(3) 机构合作：两家或更多机构合作的论文共有 14 822 篇，占 78.3%。其中，合作机构最多的一篇论文有 569 家机构参与合作。

第 10 章

旧金山

旧金山市位于美国西海岸，是加利福尼亚州北部的文化、经济和金融中心。全市人口约 88.4 万，总面积为 121.4 平方公里，为加州第四大城市。旧金山市及周边地区被称作旧金山湾区，硅谷便坐落于此。

旧金山市拥有发达的服务业，尤其在金融服务、专业服务和旅游业方面。20 世纪 90 年代以来，旧金山从以金融和旅游业为主的经济向高科技、生物技术和医药研发等产业转型发展。受到湾区高技术产业发展的带动，近年来旧金山市的科技创新异常迅猛，诸如 Twitter（推特）、Airbnb（爱彼迎）、Uber（优步）、Dropbox 等"独角兽"公司的总部均设于旧金山。此外还有如雨后春笋般发展的互联网初创企业和孵化器等。生物技术和医药产业是旧金山市的另一大优势领域，在使命湾一带聚集了众多机构，有专注于健康与生物医学研究的加州大学旧金山分校的第二校区，还有加州再生医学研究所、加州定量生物科学研究院、格莱斯顿研究所等。

位于旧金山市的知名高校包括，加州大学旧金山分校、旧金山州立大学、旧金山大学等。由于湾区内各类创新机构联系紧密，旧金山市的创新氛围和成果也受到周边学府和研究机构的强力辐射，如斯坦福大学和劳伦斯利弗莫尔国家实验室等。

10.1 创新态势

1. PCT 专利年度公开量处于持续下滑中

2008—2017 年，旧金山申请并公开了 11 145 项 PCT 专利，共 10 950 个专利族。其中，2017 年为 690 个专利族，平均万人 PCT 专利数量为 7.9 项。从专利年度公开量上看，总体呈现持续下降的趋势，2012 年出现一次反弹，但并没有阻止下滑势头。PCT 专利十年年度复合增长率为－10.94%，近三年年度复合增长率为－4.64%（图 10.1）。

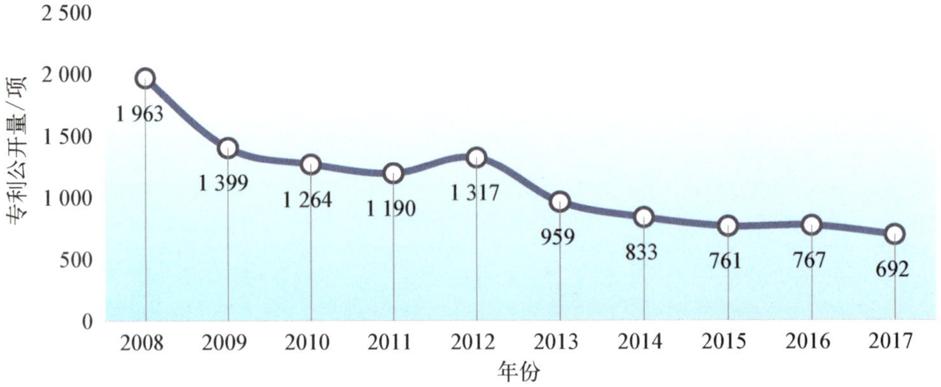

图 10.1　2008—2017 年 PCT 专利年度公开量

2. 论文数量呈缓慢上升趋势

2008—2017 年间，旧金山市每年发表的重要论文(包括 SCI、CPCI)数量，呈现出较平稳的增长趋势。2017 年旧金山市共发表重要学术论文 13 271 篇。近十年年度复合增长率为 5.37%，近三年年度复合增长率为 2.98%。

图 10.2　2008—2017 年论文年度发表数量

10.2　创新热点

1. 专利技术热点集中在信息技术

从专利技术热点角度看，2017 年旧金山技术创新热点中，信息技术比较突出，技术创新热点包括数字计算设备、应用于不同领域的数据处理系统及信息系统、数字信息传输、数据输入输出装置等技术(图 10.3)。

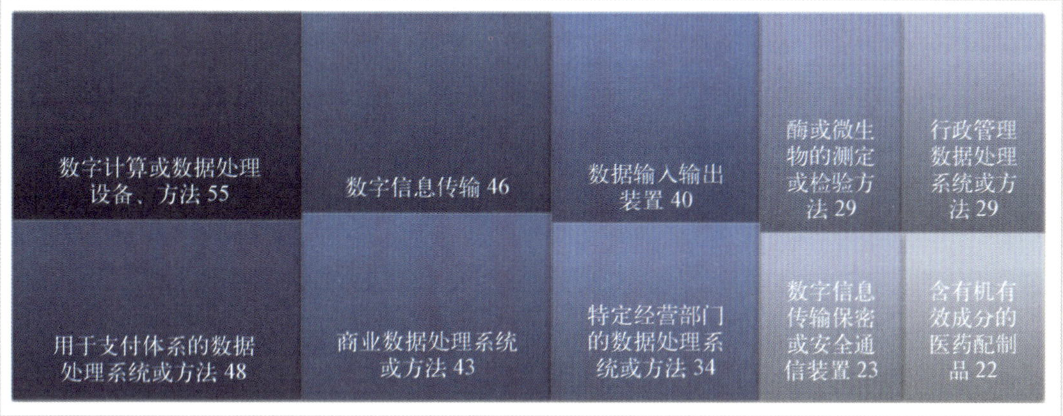

图 10.3 2017 年十大热点专利技术

2. 新兴技术产业研发关注人工智能、虚拟现实技术

从新兴技术研发角度看，在我们筛选出的十大新兴技术 PCT 专利数量上，旧金山在 20 个城市中排名靠前。分项排名中，人工智能、区块链、基因编辑、精准医疗、虚拟现实技术排名前 5 位。同时，旧金山更关注人工智能、虚拟现实技术，形成一定规模的专利产出(图 10.4)。

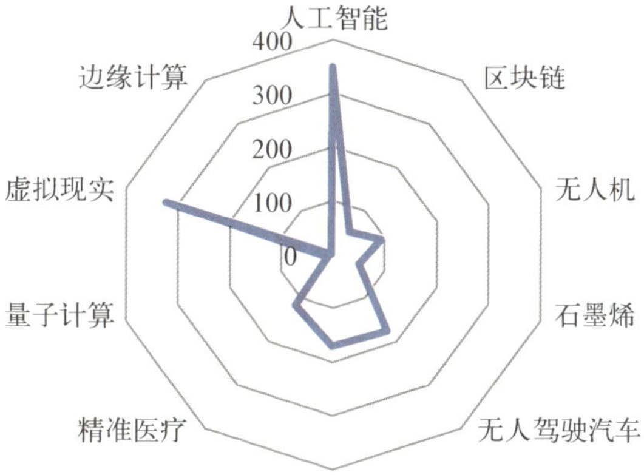

图 10.4 十大新兴技术 PCT 专利数量

3. 学术研究热点聚焦医学领域

从学术论文研究热点看，2017 年旧金山市的主要学术研究方向为医学领域，侧重肿瘤学、神经科学和生物医学(图 10.5)。

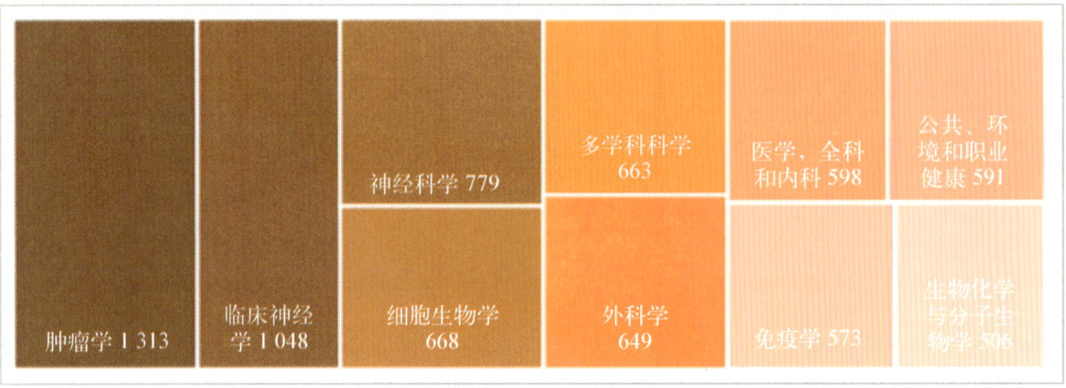

图 10.5　2017 年学术论文十大热点领域

4. 新兴技术学术研究领域排名靠后

从新兴技术学术研究角度看，在我们筛选出的十大新兴技术 SCI 和 CPCI 论文数量上，旧金山在 20 个城市排名靠后。同时，旧金山对精准医疗技术较为关注(图 10.6)。

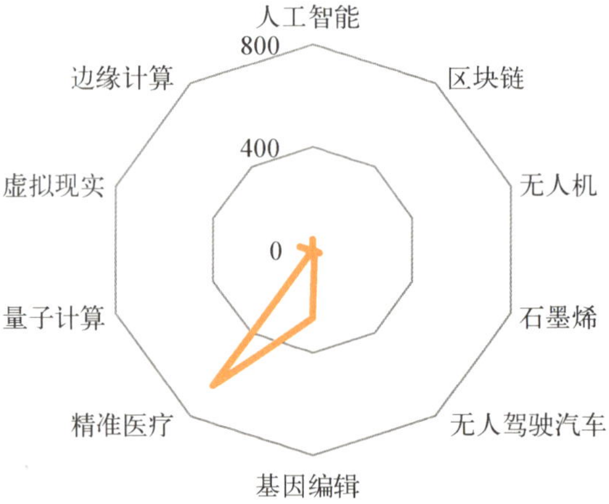

图 10.6　十大新兴技术论文数量

10.3　创新质量

1. 专利平均质量高，高质量专利比重大

专利质量指标数值见表 10.1。

表 10.1　2015—2017 年专利质量指标

指　　标	数　　　值
专利全球申请	2015—2017 年共申请 2 311 项 PCT 专利共 2 285 个专利族，包含全球 10 055 项同族专利，平均每个专利族包含 4.4 项同族专利
专利授权情况	有 633 个专利族包含一个或一个以上发明专利获得专利授权，占专利族数量的 27.7%
权利要求数量	专利权利要求数量 63 535 项，平均每个专利族包含 29.6 项权利要求，单个专利族最高权利要求数量为 402 项
被专利引用情况	被其他专利引用 2 850 次，平均每个专利族被引用 1.25 次，单个专利族最高被引用 143 次
高质量专利数量	被引次数大于 10 次的专利族数量 67 项，占比 2.93%
引用专利情况	引用其他专利 11 620 次，平均每个专利族引用其他专利 5.09 次，单个专利族最高引用其他专利 149 次
涉及的技术广度	涵盖 750 个 IPC 大组，2 202 个 IPC 小组

2. 学术论文平均质量高，高质量论文比重大

2015—2017 年旧金山市发表的学术论文共计被引用 299 093 次，单篇最高被引 3 288 次，发表 ESI 高被引论文 1 099 篇；旧金山市通讯作者机构的论文被引用 90 746 次，单篇最高被引 461 次，发表 ESI 高被引论文 266 篇。

10.4　创新主体

1. 企业专利占比极高

2017 年旧金山排名前 10 位的机构申请人申请的专利族数量为 199 个，占比 28.8%，专利集中度较低。排名前 100 家机构包括 95 家企业、5 所高校与研究机构，专利占比分别为 96.8% 和 3.6%，企业专利占比极高(表 10.2)。

表 10.2　2017 年专利申请人前 10 位排名

排名	专 利 申 请 人	专利数量	申请人属性
1	DOLBY LAB LICENSING CORP(杜比实验室许可公司)	79	企业
2	UBER TECHNOLOGIES INC(优步科技公司)	27	企业

续　表

排名	专 利 申 请 人	专利数量	申请人属性
3	CLIMATE CORP(孟山都旗下子公司)	21	企业
4	DROPBOX INC	15	企业
5	SQUARE INC	13	企业
6	HIPMUNK INC	10	企业
7	OPENTV INC(开放电视公司)	9	企业
8	OSTERHOUT GROUP INC	9	企业
9	PAX LABS INC(PAX 实验室公司)	9	企业
10	GLADSTONE INST J DAVID(格莱斯顿研究所)	7	研究机构

2. 学术创新主体和领先机构中医疗机构比重较大

2017 年旧金山市研究论文发表机构多为大学和医疗机构。发表学术论文数量排名前 10 位机构的发文量为 10 796 篇，占旧金山发文量的 81.4%，前 10 位的机构类型包括 76 家研究性机构、22 家医疗机构和 2 家企业，其论文量分别占比为 84.4%、20.7% 和 8.4%(表 10.3)。

表 10.3　2017 年学术论文发表机构前 10 位排名

排名	机　　构	论文数量	机构类型
1	Univ Calif San Francisco(加利福尼亚大学旧金山分校)	8 976	大学
2	Genentech Inc(基因泰克公司)	1 005	企业
3	San Francisco State Univ(旧金山州立大学)	355	大学
4	San Francisco VA Med Ctr(旧金山退伍军人医学中心)	303	医疗机构
5	Calif Pacific Med Ctr(加利福尼亚太平洋医疗中心)	261	医疗机构
6	Univ San Francisco(旧金山大学)	141	大学
7	Blood Syst Res Inst(美国血液系统研究所)	117	医疗机构
8	Calif Acad Sci(加利福尼亚州科学院)	115	研究机构
9	San Francisco Gen Hosp(旧金山综合医院)	70	医疗机构
10	UCSF Sch Med(加州大学旧金山分校医学院)	63	医疗机构

10.5　创 新 合 力

1. 技术创新合力排名中游偏后，技术-学术借鉴比例高

技术创新合力数值见表 10.4。

表 10.4　2017 年技术创新合力

指　　标	数　　　　值
申请人合作	2017 年申请人合作申请的专利族有 104 个，占专利总量的 15.1%。申请人最多的一项专利有 16 个申请人共同申请
产学研合作	企业和研究机构之间合作申请的专利族数量为 5 个，占机构专利总量的 0.75%
引用非专利文献	引用非专利文献 7 929 次，平均每个专利族引用非专利文献 11.49 次，单个专利族最高引用非专利文献数量 881 篇

2. 学术创新合力排名中游偏后

(1) 政府资助论文数：2017 年旧金山市发表的论文中，政府基金项目资助的论文有 7 994 篇，占 60.2%。

(2) 合作国家和地区排名：旧金山市发表的论文共与 167 个国家和地区有合作关系，这些合作的论文（总量 5 317 篇）占旧金山市论文量的 40.1%，其中与中国合作的学术论文数量为 561 篇，排在所有合作国家和地区的第 7 位（图 10.7）。

图 10.7　2017 年旧金山市学术论文合作前 10 位国家和地区

(3) 机构合作：两家或更多机构合作的论文共有 10 908 篇，占 82.2%。其中，合作机构最多的一篇论文有 533 家机构参与合作。

第 11 章

芝加哥

芝加哥位于美国中西部，东临密歇根湖，地处北美大陆的中心地带，为美国最重要的铁路和航空枢纽。芝加哥全市面积为 606.2 平方公里，是美国最大的商业中心区和最大的期货市场之一，其都市区新增的企业数一直位居美国第一位，被评为美国发展最均衡的经济体。截至 2017 年，芝加哥人口约为 271.6 万。

芝加哥是美国最重要的经济中心之一，在钢铁工业、机械制造业、农业技术、贸易、文化教育等方面均居领先地位。芝加哥工业以钢铁、金属、食品加工、电子、石油加工、印刷和运输机械设备工业为主。钢铁工业占美国第一位，有著名的美国钢铁公司和加来钢厂。美国 500 家最大的公司中，有 33 家的总部设在芝加哥及附近地区，比较重要的有摩托罗拉、阿莫科及内陆钢铁公司等。

芝加哥是美国主要文化教育中心之一，大市区内有 95 所大专院校，建于 1891 年的芝加哥大学享有国际声誉，著名的"曼哈顿计划"就在这里展开。还有阿贡国家实验室、伊利诺伊大学、伊利诺伊理工学院、西北大学等著名学府。今天，在享受科教优势的同时，芝加哥也把科技发展作为城市发展的最大推动力。科技创新领域的机构遍布生态圈，从市政的创新与科技部门，到研究机构，到私营或非盈利的各类辅助组织，都力图为科技转化创建最合适的环境。同时，芝加哥政府也是在城市发展领域积极运用高新科技的典范。

11.1 创新态势

1. PCT 专利年度公开量在连续下滑后的暂时企稳

2008—2017 年，芝加哥申请并公开了 6 531 项 PCT 专利，共 6 003 个专利族。其中，2017 年为 429 个专利族，平均万人 PCT 专利数量为 1.7 项。从专利年度公开量上看，2008—2011 年出现一轮快速下降走势，虽在 2012 年得到少许回升，但下降趋势并未停止，直至 2017 年出现一定幅度回升。PCT 专利十年年度复合增长率为－10.84%，近三年年度复合增长率为 1.59%(图 11.1)。

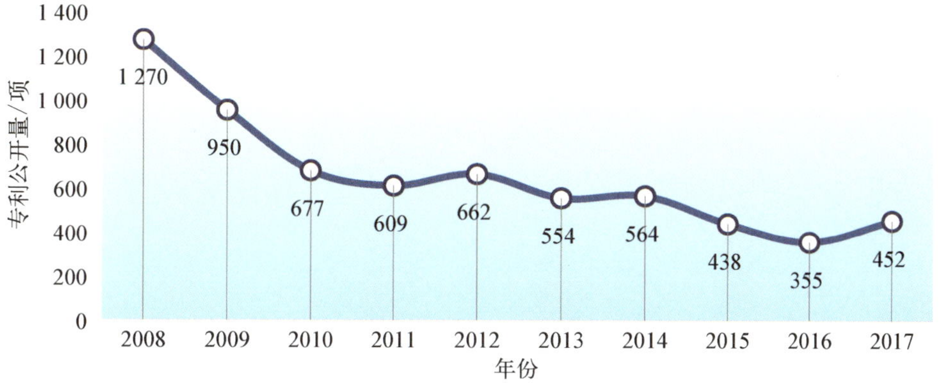

图 11.1　2008—2017 年 PCT 专利年度公开量

2. 论文年度发表数量呈缓慢上升趋势

2008—2017 年间，芝加哥市每年发表的重要论文(包括 SCI、CPCI)数量呈现出较平稳的增长趋势。2017 年芝加哥市共发表重要学术论文 19 209 篇。近十年年度复合增长率为 4.70%，近三年年度复合增长率为 1.10%(图 11.2)。

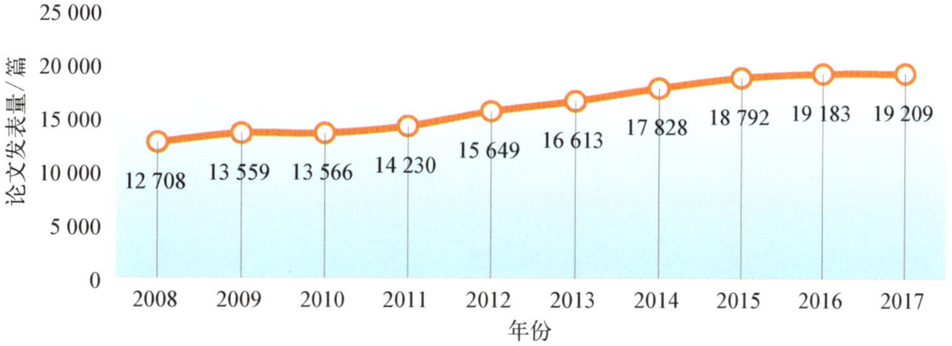

图 11.2　2008—2017 年论文年度发表数量

11.2　创 新 热 点

1. 专利技术热点聚焦信息技术、医药配置品等

从专利技术热点角度看，2017 年芝加哥市技术创新热点集中在包括数据输入输、数字信息传输、数据处理、无线通信等在内的信息技术，以及医药配置品等方面(图 11.3)。

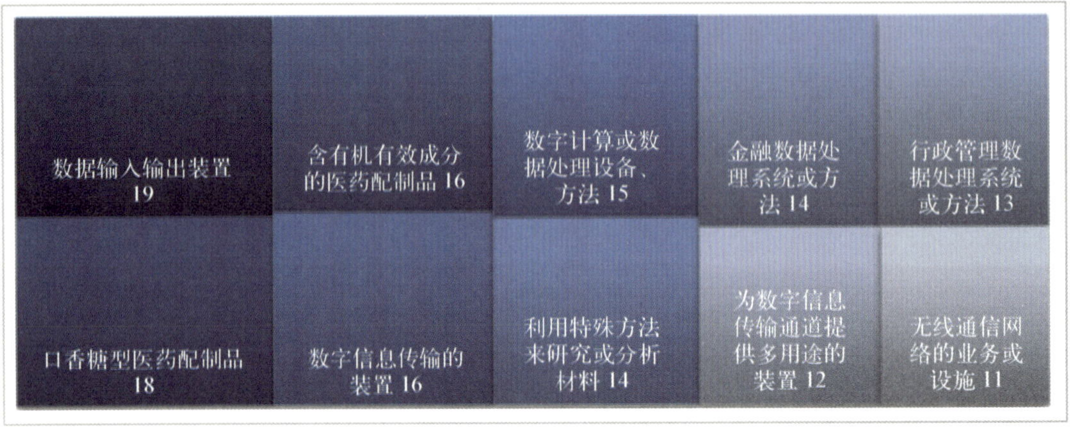

图 11.3　2017 年十大热点专利技术

2. 新兴技术产业研发关注人工智能、虚拟现实技术

从新兴技术研发角度看，在我们筛选出的十大新兴技术 PCT 专利数量上，芝加哥在 20 个城市中排名中间偏后。分项排名中无人机技术排名第 3 位。同时，芝加哥更关心无人机和无人驾驶技术，形成一定数量的专利产出（图 11.4）。

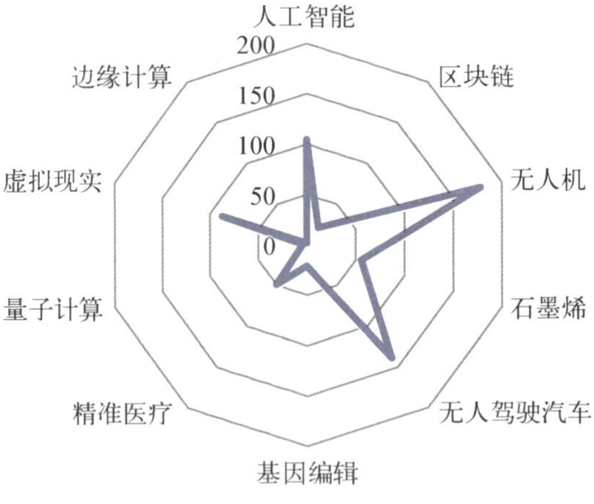

图 11.4　十大新兴技术 PCT 专利数量

3. 论文以医学研究为主要研究方向

从学术论文研究热点看，2017 年芝加哥市的主要学术研究方向为医学领域，并且偏向其中的肿瘤学、神经学等领域。

图 11.5　2017 年学术论文十大热点领域

4. 新兴技术学术研究领域排名中间偏后，关注精准医疗技术

从新兴技术学术研究角度看，在我们筛选出的十大新兴技术 SCI 和 CPCI 论文数量上，芝加哥在 20 个城市排名中间偏后。分项排名中精准医疗技术排名第 3 位。

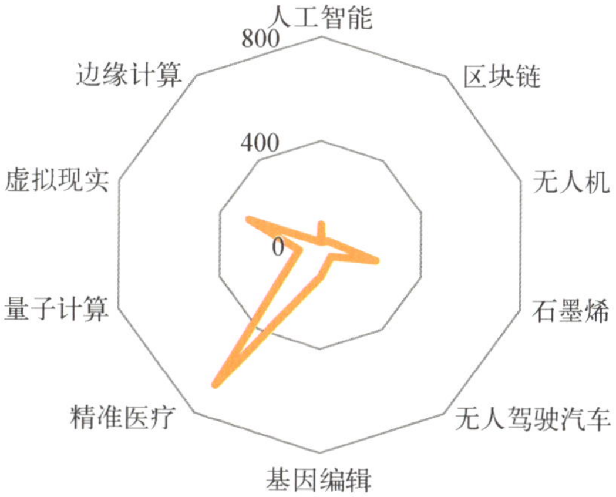

图 11.6　十大新兴技术论文数量

11.3 创新质量

1. 专利平均质量较高

专利质量指标数值见表 11.1。

表 11.1　2015—2017 年专利质量指标

指　标	数　　值
专利全球申请	2015—2017 年共申请 1 266 项 PCT 专利共 1 244 个专利族，包含全球 5 351 项同族专利，平均每个专利族包含 4.3 项同族专利
专利授权情况	有 422 个专利族包含一个或一个以上发明专利获得专利授权，占专利族数量的 33.9%
权利要求数量	专利权利要求数量 27 784 项，平均每个专利族包含 23.8 项权利要求，单个专利族最高权利要求数量为 339 项
被专利引用情况	被其他专利引用 1 476 次，平均每个专利族被引用 1.19 次，单个专利族最高被引用 57 次
高质量专利数量	被引次数大于 10 次的专利族数量 29 项，占比 2.33%
引用专利情况	引用其他专利 6 103 次，平均每个专利族引用其他专利 4.91 次，单个专利族最高引用其他专利 85 次
涉及的技术广度	涵盖 879 个 IPC 大组，2 063 个 IPC 小组

2. 论文质量排名处于中偏上位置

2015—2017 年芝加哥市发表的论文共计被引用 376 441 次，单篇最高被引 3 288 次，发表 ESI 高被引论文 1 325 篇；芝加哥市通讯作者机构的论文被引用 109 433 次，单篇最高被引 1 024 次，发表 ESI 高被引论文 244 篇。

11.4　创 新 主 体

1. 企业拥有专利占比极高，领先机构多为企业

2017 年芝加哥排名前 10 位的机构申请人申请的专利族数量为 259 个，占比 59.0%，呈现出专利较为集中在大机构的特点。排名前 100 家机构包括 92 家企业、6 所高校与研究机构、2 家医疗机构，专利占比分别为 90.3%、10.0%和 2.1%，企业专利占比极高(表 11.2)。

表 11.2　2017 年专利申请人前 10 位排名

排名	专 利 申 请 人	专利数量	申请人属性
1	MOTOROLA SOLUTIONS INC(摩托罗拉解决方案公司)	91	企业
2	US GYPSUM CO(美国石膏公司)	38	企业

续　表

排名	专 利 申 请 人	专利数量	申请人属性
3	WRIGLEY JR CO WM	32	企业
4	UNIV CHICAGO(芝加哥大学)	27	大学
5	LITTELFUSE INC(力特保险丝公司)	18	企业
6	BEAN TECHNOLOGIES CORP JOHN(卓缤科技贸易公司)	12	企业
7	TRIBUNE BROADCASTING CO(论坛广播公司)	12	企业
8	UPTAKE TECHNOLOGIES INC(Uptake 科技公司)	11	企业
9	CHICAGO MERCANTILE EXCHANGE INC(芝加哥商品交易公司)	10	企业
10	DONNELLEY & SONS CO	8	企业

2. 医疗机构学术研究占一定比例

2017 年芝加哥市研究论文发表机构多为大学和医疗机构。发表学术论文数量排名前 10 位机构的发文量为 12 945 篇，占芝加哥发文量的 67.4%排名前 100 家机构包括大学研究机构、医疗和企业，其论文量占比分别为 87.6%、12.5%和 3.2%(表 11.3)。

表 11.3　2017 年论文发表机构前 10 位排名

排名	机　　构	论文数量	机构类型
1	Univ Chicago(芝加哥大学)	5 035	大学
2	Univ Illinois(伊利诺伊大学芝加哥分校)	4 829	大学
3	Rush Univ(拉什大学)	1 630	大学
4	AbbVie Inc(艾伯维)	617	企业
5	Loyola Univ(芝加哥洛约拉大学)	488	大学
6	Ann & Robert H Lurie Childrens Hosp Chicago(芝加哥安与罗伯特卢瑞儿童医院)	399	医疗机构
7	Univ Chicago Med(芝加哥大学医院)	344	医疗机构
8	Rosalind Franklin Univ Med & Sci(莎琳德富兰克林医科大学)	179	医疗机构
9	Field Museum Nat Hist(菲尔德自然史博物馆)	157	研究机构
10	Northwestern Mem Hosp(西北纪念医院)	148	医疗机构

11.5 创新合力

1. 技术创新合力处于平均水平

技术创新合力数值见表11.4。

表11.4 2017年技术创新合力

指 标	数 值
申请人合作	2017年申请人合作申请的专利族有64个,占专利总量的14.6%。申请人最多的一项专利有17个申请人共同申请
产学研合作	企业和研究机构之间合作申请的专利族数量为13个,占机构专利总量的3.2%
引用非专利文献	引用非专利文献4 178次,平均每个专利族引用非专利文献9.52次,单个专利族最高引用非专利文献数量182篇

2. 学术创新合力靠后

(1) 政府资助论文数:2017年芝加哥市发表的论文中,政府基金项目资助的论文有11 548篇,占60.1%。

(2) 合作国家和地区排名:芝加哥市发表的论文共与169个国家和地区有合作关系,这些合作的论文(总量6 655篇)占芝加哥市论文量的34.7%,其中与中国合作的学术论文数量为1 449篇,排在所有合作国家和地区的第2位(图11.7)。

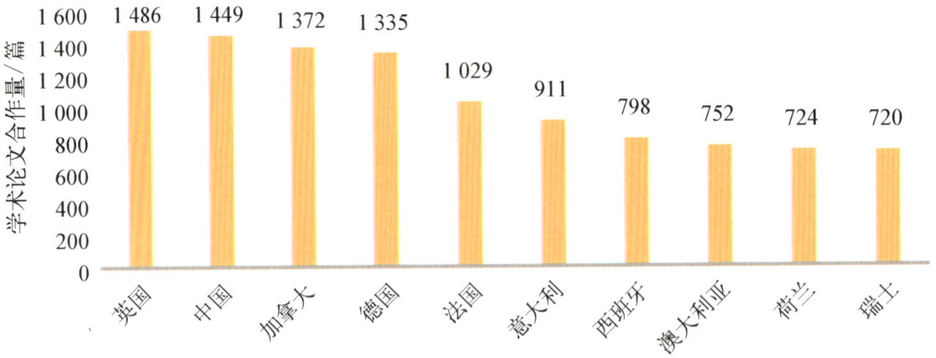

图11.7 2017年芝加哥市学术论文合作前10位国家和地区

(3) 机构合作:两家或更多机构合作的论文共有14 716篇,占76.6%。其中,合作机构最多的一篇论文有569家机构参与合作。

第 12 章

西雅图

西雅图位于美国西海岸，是美国华盛顿州的一座港口城市。其城市面积为 369.2 平方公里，其中土地面积 217.2 平方公里，水域面积 152.0 平方公里。2017 年，人口数量为 72.5 万人。

西雅图以航空航天、计算机软件、生物工程、新型能源技术、环境工程等先进技术著称，代表着全球最新的技术发展和投资方向。作为引领全球的创新中心，西雅图成为世界著名的高科技产业和创业投资机构的聚集地，拥有微软、波音、亚马逊等知名企业。更是各种硬件、软件、游戏、云计算公司、虚拟现实/增强现实技术企业和研究人员的天堂。2016 年，该市的地区生产总值达到了 330.41 亿美元。

目前，西雅图是美国人口增长最快的城市之一。2016 年美国人口迁移报告中的数据显示，西雅图人口净迁入数据位列第 1 位。人们搬入西雅图是为了较低的生活成本、更好的生活方式，但更重要的是为了当地科技行业的工作机会。过去两年西雅图新增的工作岗位中，69%来自科技行业。谷歌、苹果、Facebook 以及 IBM 等科技巨头纷纷在西雅图设立了分支部门。

12.1 创新态势

1. PCT 专利年度公开量处于快速下滑后的恢复期

2008—2017 年，西雅图申请并公开了 5 425 项 PCT 专利，共 5 310 个专利族。其中，2017 年为 488 个专利族，平均万人 PCT 专利数量为 6.8 项。从专利年度公开量上看，在 2008—2010 年快速下滑后，总体呈现平稳趋势。PCT 专利十年年度复合增长率为 −5.09%，近三年年度复合增长率为 3.77%(图 12.1)。

2. 论文数量整体呈缓慢上升趋势，2017 年出现小幅回落

2008—2017 年间，西雅图市每年发表的重要论文(包括 SCI、CPCI)数量在 10 年间

图 12.1　2008—2017 年 PCT 专利年度公开量

呈现出较平稳的增长趋势，但 2017 年略有下降。2017 年西雅图市共发表重要学术论文 15 176 篇。十年年度复合增长率达 4.44%，近三年年度复合增长率为 0.99%（图 12.2）。

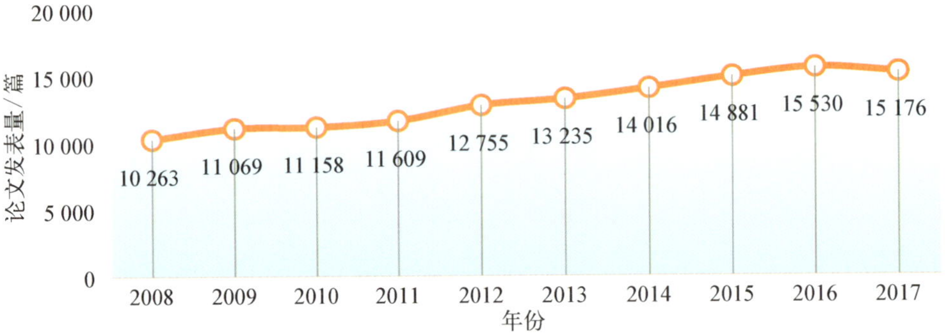

图 12.2　2008—2017 年论文年度发表数量

12.2　创新热点

1. 专利技术热点聚焦生物制药、基因工程、信息技术等

从专利技术热点角度看，2017 年西雅图市技术创新热点集中生物医药制品、基因工程、包括信息处理、信息传输、计算设备等在内的信息技术（图 12.3）。

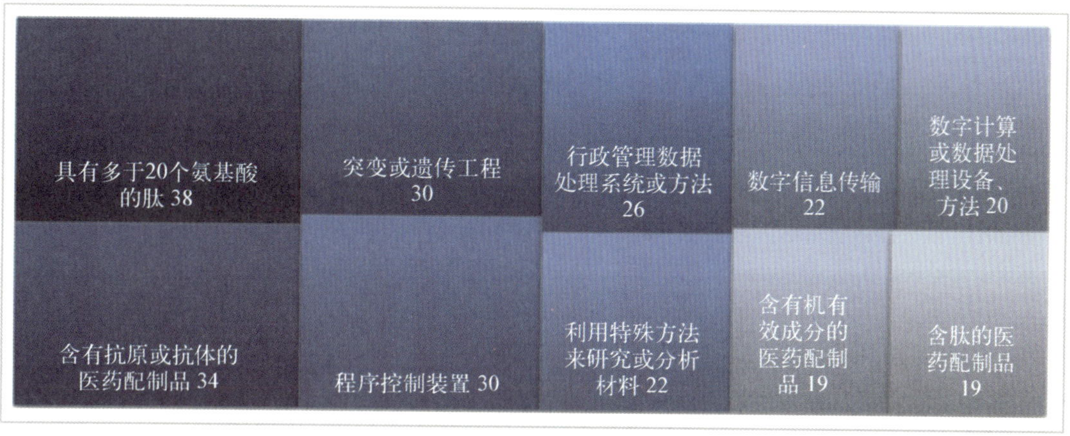

图 12.3　2017 年十大热点专利技术

2. 新兴技术产业研发排名居中

从新兴技术研发角度看，在我们筛选出的十大新兴技术 PCT 专利数量上，西雅图在 20 个城市中排名居中。西雅图更关注虚拟现实技术研发，形成一定数量的专利产出(图 12.4)。

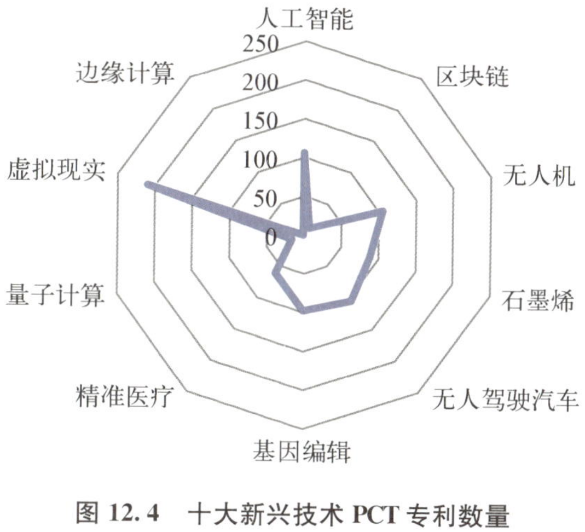

图 12.4　十大新兴技术 PCT 专利数量

3. 学术研究热点以医学领域为主要研究方向

从学术论文研究热点看，2017 年西雅图市的主要学术研究方向为医学领域，并且偏向其中的肿瘤学等领域(图 12.5)。

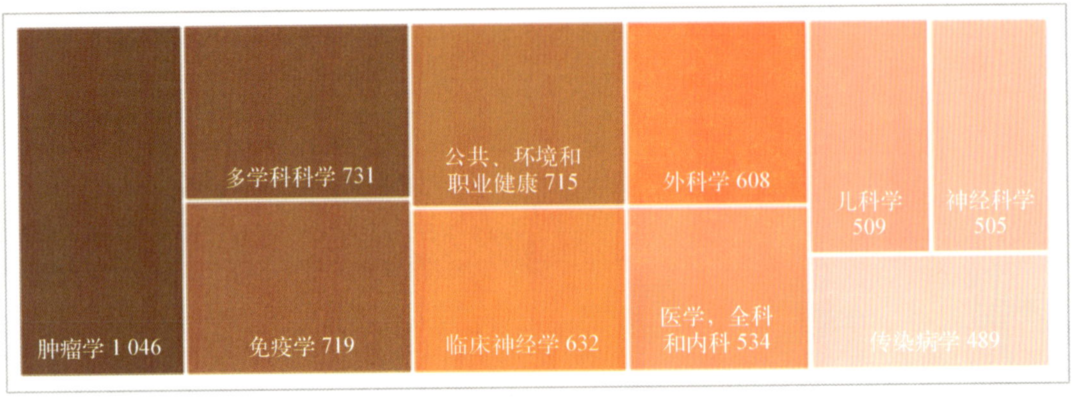

图 12.5　2017 年学术论文十大热点领域

4. 新兴技术学术研究领域排名中间偏后，较关注精准医疗技术

从新兴技术学术研究角度看，在我们筛选出的十大新兴技术 SCI 和 CPCI 论文数量上，西雅图在 20 个城市排名中间偏后，比较关注精准医疗技术（图 12.6）。

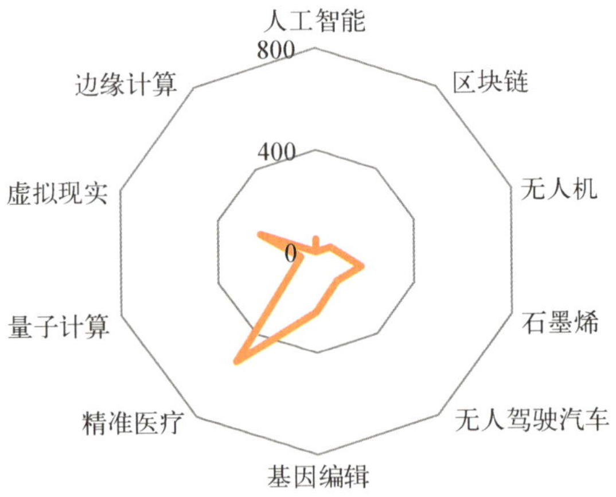

图 12.6　十大新兴技术论文数量

12.3 创 新 质 量

1. 专利质量排名靠前

专利质量指标数值见表 12.1。

表 12.1 2015—2017 年专利质量指标

指 标	数 值
专利全球申请	2015—2017 年共申请 1 409 项 PCT 专利共 1 397 个专利族，包含全球 5 941 项同族专利，平均每个专利族包含 4.3 项同族专利
专利授权情况	有 375 个专利族包含一个或一个以上发明专利获得专利授权，占专利族数量的 26.8%
权利要求数量	专利权利要求数量 49 792 项，平均每个专利族包含 37.1 项权利要求，单个专利族最高权利要求数量为 688 项
被专利引用情况	被其他专利引用 850 次，平均每个专利族被引用 0.61 次，单个专利族最高被引用 20 次
高质量专利数量	被引次数大于 10 次的专利族数量 19 项，占比 1.36%
引用专利情况	引用其他专利 8 350 次，平均每个专利族引用其他专利 5.98 次，单个专利族最高引用其他专利 142 次
涉及的技术广度	涵盖 723 个 IPC 大组，1 891 个 IPC 小组

2. 论文质量排名居首位

2015—2017 年西雅图市发表的论文共计被引用 361 505 次，单篇最高被引 3 288 次，发表 ESI 高被引论文 1 357 篇；西雅图市通讯作者机构的论文被引用 122 438 次，单篇最高被引 2 194 次，发表 ESI 高被引论文 361 篇。

12.4 创新主体

1. 领先专利申请人中大学和研究机构占一定比例

2017 年西雅图排名前 10 位的机构申请人申请的专利族数量为 267 个，占比 54.7%，呈现出专利集中在大机构的特点。排名前 100 家机构包括 85 家企业、14 所高校与研究机构、1 家医疗机构，专利占比分别为 76.9%、26.0%和 1.2%，研究机构专利申请专利比例较高(表 12.2)。

表 12.2 2017 年专利申请人前 10 位排名

排名	专 利 申 请 人	专利数量	申请人属性
1	AMAZON TECHNOLOGIES INC(亚马逊技术股份有限公司)	147	企业
2	UNIV WASHINGTON(华盛顿大学)	56	大学

续　表

排名	专 利 申 请 人	专利数量	申请人属性
3	HUTCHINSON CANCER RES CENT FRED(福瑞德哈金森肿瘤研究中心)	24	研究机构
4	JUNO THERAPEUTICS INC(朱诺治疗公司)	10	企业
5	BLOODWORKS	7	研究机构
6	ETUBICS CORP(埃图比克斯公司)	6	企业
7	INST SYSTEMS BIOLOGY(系统生物学研究所)	5	研究机构
8	NANOSTRING TECHNOLOGIES INC(纳米线科技公司)	5	企业
9	OMEROS CORP(奥默罗斯公司)	5	企业
10	REALNETWORKS INC	5	企业

2. 领先学术机构中医疗机构占较大比例

2017 年西雅图市研究论文发表机构主要为研究机构和医疗机构，前 10 位机构中有 1 所大学，3 所研究机构，6 家医疗机构。发表学术论文数量排名前 10 位机构的发文量为 12 881 篇，占西雅图发文量的 84.9%。排名前 100 家机构中 89 家为研究机构，论文量占比 88.5%，另外 11 家医疗机构，论文量占比 20.1%。

表 12.3　2017 年论文发表机构前 10 位排名

排名	机　　构	论文数量	机构类型
1	Univ Washington(华盛顿大学)	11 229	大学
2	Fred Hutchinson Canc Res Ctr(弗瑞德·哈金森癌症研究中心)	1 337	医疗机构
3	Seattle Childrens Hosp(西雅图儿童医院)	490	医疗机构
4	Seattle Childrens Res Inst(西雅图儿童研究所)	339	研究机构
5	Swedish Med Ctr(瑞典医疗中心)	289	医疗机构
6	Bill & Melinda Gates Fdn(比尔和梅琳达·盖茨基金会)	245	研究机构
7	PATH(帕斯适宜卫生科技组织)	169	医疗机构
8	Virginia Mason Med Ctr(弗吉尼亚梅森医疗中心)	155	医疗机构
9	VA Puget Sound Hlth Care Syst(普吉特湾保健系统)	152	医疗机构
10	Seattle Sci Fdn(西雅图科学基金会)	127	研究机构

12.5 创新合力

1. 技术创新合力靠前，技术-学术借鉴占比较高

技术创新合力数值见表 12.4。

表 12.4　2017 年技术创新合力

指　　标	数　　　　值
申请人合作	2017 年申请人合作申请的专利族有 98 个，占专利总量的 20.1%。申请人最多的一项专利有 17 个申请人共同申请
产学研合作	企业和研究机构之间合作申请的专利族数量为 18 个，占机构专利总量的 3.9%
引用非专利文献	引用非专利文献 4 699 次，平均每个专利族引用非专利文献 9.63 次，单个专利族最高引用非专利文献数量 161 篇

2. 学术创新合力排名中间偏后

(1) 政府资助论文数：2017 年西雅图市发表的论文中，政府基金项目资助的论文有 10 307 篇，占 67.9%。

(2) 合作国家和地区排名：西雅图市发表的论文共与 180 个国家和地区有合作关系，这些合作的论文(总量 6 272 篇)占西雅图市论文量的 41.3%，其中与中国合作的论文数量为 965 篇，排在所有合作国家和地区的第 11 位(图 12.7)。

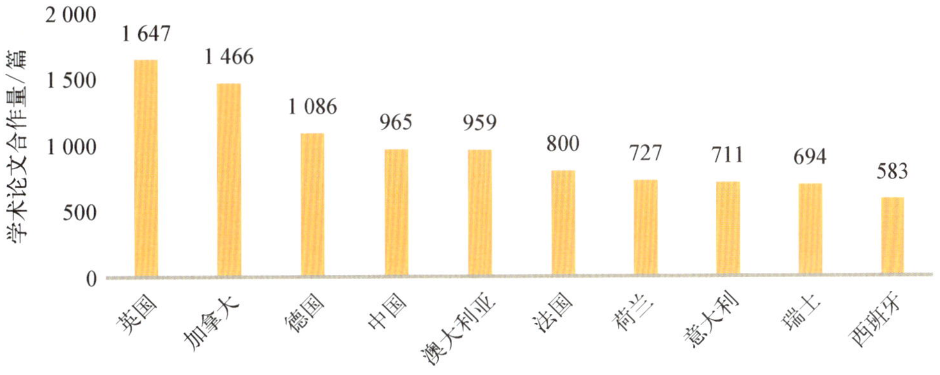

图 12.7　2017 年西雅图市学术论文合作前 10 位国家和地区

(3) 机构合作：两家或更多机构合作的论文共有 12 655 篇，占 83.4%。其中，合作机构最多的一篇论文有 569 家机构参与合作。

第13章

多伦多

多伦多，位于加拿大安大略湖的西北沿岸，是加拿大最大的城市，安大略省的省会，也是加拿大的政治、经济、文化和交通中心，世界著名的国际大都市。多伦多面积为630.2平方公里。市区里有半数的居民是来自全球100多个民族的移民，多元的族裔特色，使得这里汇集了世界上140多种语言，成为全世界最多元化的城市之一。2016年，多伦多市人口已达到273.2万。汽车工业、电子工业、金融业及旅游业在多伦多经济中占有重要地位，加拿大最大的汽车制造厂设在此地。其高科技产品占全国的60%。

在加拿大政府的大力支持下，多伦多已经成为世界顶尖的科技新城。放眼多伦多市中心，创业和创新基础设施完善，在Facebook（脸书）、Google（谷歌）、Uber（优步）、eBay、Amazon（亚马逊）等科技巨头的引领下，各大中小型企业纷纷崛起，更多的高科技就业岗位应运而生，凭借研究和创新领域的优势，多伦多将是尖端技术缔造者最适合居住的城市。

多伦多居民的受教育程度很高，25～64岁的多伦多居民中有64%接受过高等教育。多伦多拥有5所高校和4所学院，能教授几乎所有学科的知识，提供技能培训。5所高校分别为：多伦多大学、约克大学、瑞尔森大学、安大略理工大学、安大略艺术设计大学。4所学院分别是百年理工学院、乔治布朗学院、汉博学院、塞内卡学院。

13.1 创新态势

1. PCT专利年度公开量呈缓慢下降趋势

2008—2017年，多伦多申请并公开了3 940项PCT专利，共3 921个专利族。其中，2017年为321个专利族，平均万人PCT专利数量为1.2项。从专利年度公开量上看，经过2008—2019年快速下滑阶段及之后两年缓慢恢复期，2013年至今处于缓慢下降阶段。PCT专利十年年度复合增长率为−5.90%，近三年年度复合增长率为−3.30%（图13.1）。

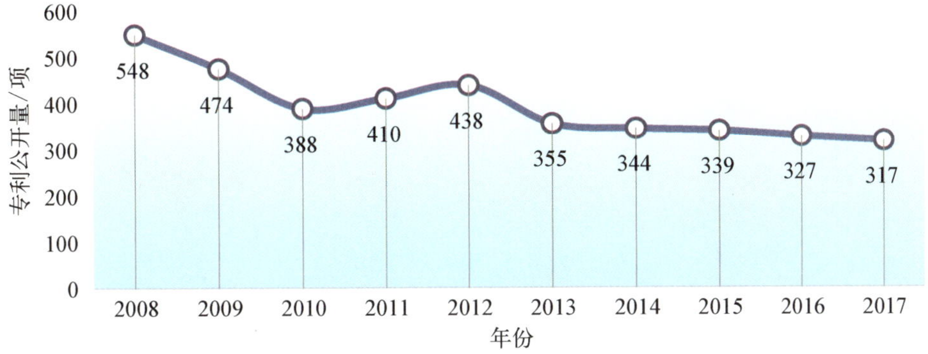

图 13.1　2008—2017 年 PCT 专利年度公开量

2. 论文数量整体缓慢增长

2008—2017 年间，多伦多市每年发表的重要论文(包括 SCI、CPCI)数量在经历多年缓慢增长后近年来出现增长趋缓。2017 年多伦多市共发表重要学术论文 19 081 篇，近十年年度复合增长率为 4.18%，近三年年度复合增长率为−0.02%(图 13.2)。

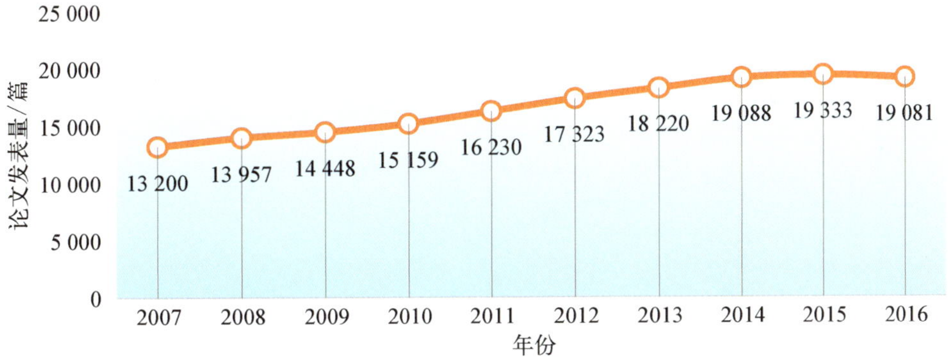

图 13.2　2008—2017 年论文年度发表数量

13.2　创新热点

1. 专利技术热点聚焦医学诊断测量、手术机器人等

从专利技术热点角度看，2017 年多伦多技术创新热点集中在医学诊断测量、手术机器人、包括计算设备与数据处理在内的信息技术、医药配制品、材料分析等方面(图 13.3)。

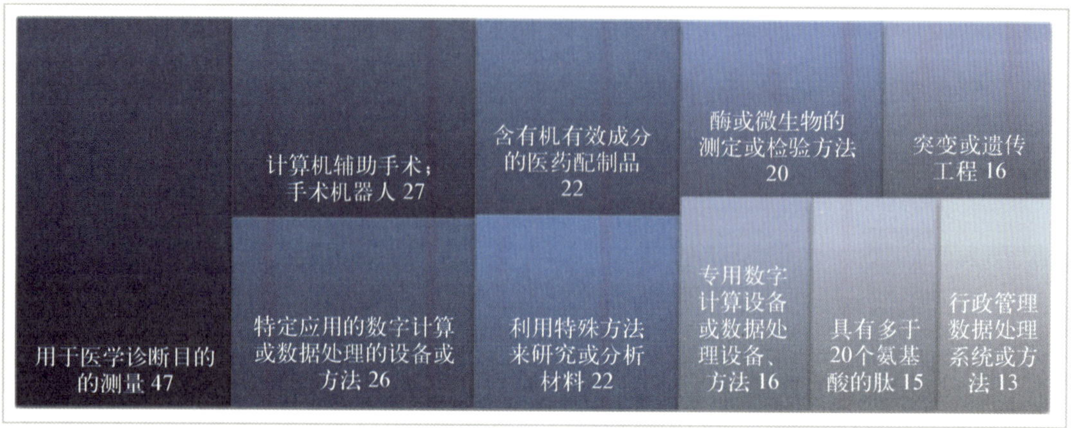

图 13.3　2017 年十大热点专利技术

2. 新兴技术产业研发排名靠后，关注精准医疗、虚拟现实技术

从新兴技术研发角度看，在我们筛选出的十大新兴技术 PCT 专利数量上，多伦多在 20 个城市中排名落后。比较关注精准医疗、虚拟现实、人工智能技术研发(图 13.4)。

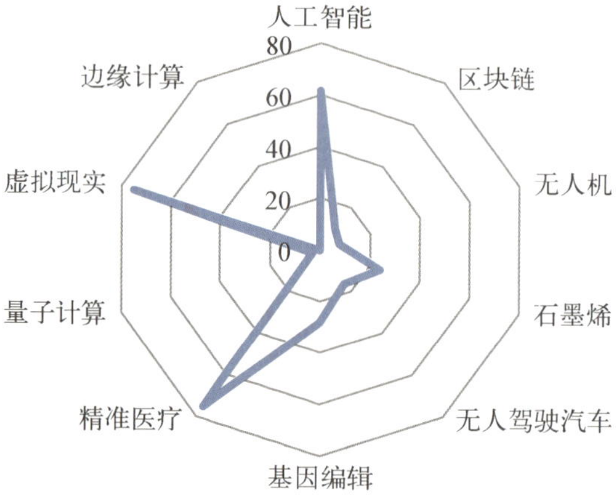

图 13.4　十大新兴技术 PCT 专利数量

3. 学术研究热点以医学研究为主要研究方向

从学术论文研究热点看，2017 年多伦多市的主要学术研究方向为医学领域，偏向肿瘤学、神经学、外科学(图 13.5)。

4. 新兴技术学术研究领域排名中间偏后，较关注精准医疗技术

从新兴技术学术研究角度看，在我们筛选出的十大新兴技术 SCI 和 CPCI 论文数量上，多伦多在 20 个城市排名中间偏后，比较关注精准医疗技术(图 13.6)。

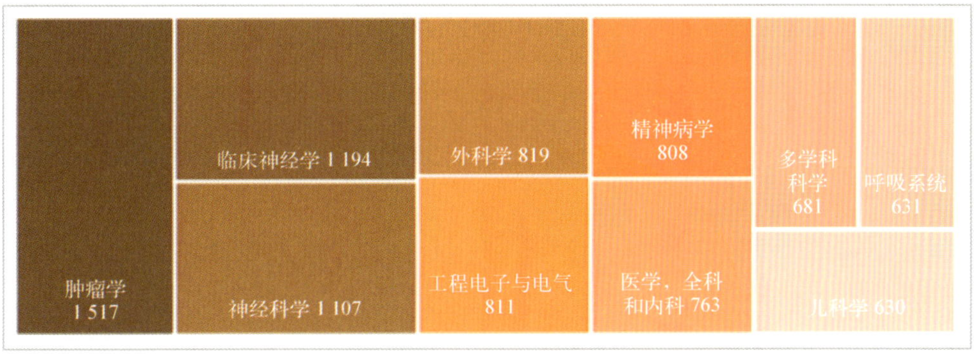

图 13.5　2017 年学术论文十大热点领域

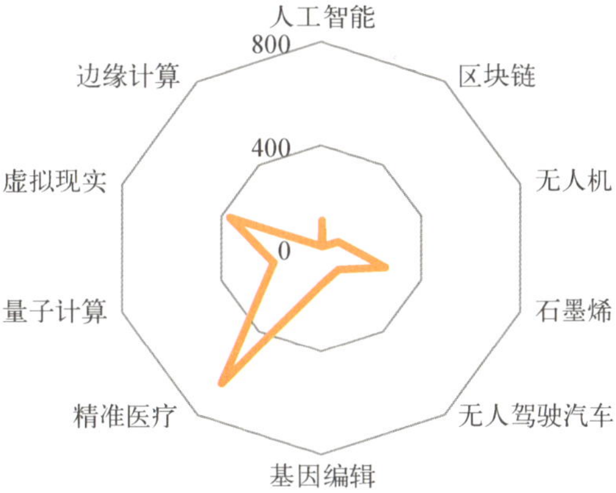

图 13.6　十大新兴技术论文数量

13.3　创 新 质 量

1. 专利质量排名中等偏上，同族专利平均规模较高

专利质量指标数值见表 13.1。

表 13.1　2015—2017 年专利质量指标

指　　标	数　　　　值
专利全球申请	2015—2017 年共申请 1 005 项 PCT 专利共 922 个专利族，包含全球 4 130 项同族专利，平均每个专利族包含 4.5 项同族专利
专利授权情况	有 196 个专利族包含一个或一个以上发明专利获得专利授权，占专利族数量的 21.3%

续　表

指　　标	数　　　　值
权利要求数量	专利权利要求数量 28 899 项，平均每个专利族包含 32.3 项权利要求，单个专利族最高权利要求数量为 237 项
被专利引用情况	被其他专利引用 231 次，平均每个专利族被引用 0.25 次，单个专利族最高被引用 6 次
高质量专利数量	被引次数大于 10 次的专利族为 0 项
引用专利情况	引用其他专利 3 944 次，平均每个专利族引用其他专利 4.28 次，单个专利族最高引用其他专利 52 次
涉及的技术广度	涵盖 821 个 IPC 大组，1 982 个 IPC 小组

2. 论文质量排名中等偏上

2015—2017 年发表的论文共计被引用 391 488 次，单篇最高被引次数为 3 263 次，发表 ESI 高被引论文 1 276 篇；多伦多市通讯作者机构的论文被引用 136 205 次，单篇最高被引次数为 455 次，发表 ESI 高被引论文 316 篇。

13.4　创新主体

1. 领先机构中学术研究机构占据半壁江山

2017 年多伦多排名前 10 位的机构申请人申请的专利族数量为 126 个，占比 39.3%，大学和研究机构占据 5 席。排名前 100 家机构包括 90 家企业、7 所高校与研究机构、3 家医疗机构，专利占比分别为 72.3%、30.3%和 4.2%(图 13.2)。

表 13.2　2017 年专利申请人前 10 位排名

排名	专 利 申 请 人	专利数量	申请人属性
1	UNIV TORONTO GOVERNING COUNCIL(多伦多大学理事会)	38	大学
2	SYNAPTIVE MEDICAL BARBADOS INC(圣纳普医疗公司)	33	企业
3	UNIV HEALTH NETWORK(大学健康网络)	19	研究机构
4	ONTARIO INST CANCER RES OICR(安大略癌症研究所)	9	研究机构

续 表

排名	专利申请人	专利数量	申请人属性
5	TITAN MEDICAL INC(替坦制药公司)	8	企业
6	HOSPITAL FOR SICK CHILDREN(多伦多病童医院)	7	医疗机构
7	SUNNYBROOK RES INST(桑尼布鲁克研究院)	7	研究机构
8	CELESTICA INT INC(塞勒斯蒂卡国际公司)	5	企业
9	NURALOGIX CORP(纽洛斯公司)	4	企业
10	SHAWCOR LTD(超科有限公司)	4	企业

2. 医疗机构学术研究占一定比例

2017年多伦多市论文发表机构中，大学占据主导，医疗机构也具有一定数量。发表学术论文数量排名前10位机构的发文量为16 888篇，占多伦多发文量的88.51%。排名前100家机构包括84所高校与研究机构，以及16家医疗机构，研究机构和医疗机构论文占比分别为90.40%和32.72%(图13.3)。

表13.3 2017年论文发表机构前10位排名

排名	机构	论文数量	机构类型
1	Univ Toronto(多伦多大学)	13 104	大学
2	Univ Hlth Network(大学医疗网络)	1 866	医疗机构
3	Hosp Sick Children(多伦多病童医院)	1 740	医疗机构
4	York Univ(约克大学)	1 141	大学
5	St Michaels Hosp(圣米高医院)	1 062	医疗机构
6	Ryerson Univ(怀雅逊大学)	948	大学
7	Sunnybrook Hlth Sci Ctr(新宁健康科学中心)	873	医疗机构
8	Mt Sinai Hosp(西乃山医院)	732	医疗机构
9	Princess Margaret Canc Ctr(玛嘉烈公主癌症中心)	474	医疗机构
10	Ctr Addict & Mental Hlth(成瘾与精神健康中心)	473	医疗机构

13.5 创新合力

1. 技术创新合力排名中间偏后

技术创新合力数值见表 13.4。

表 13.4 2017 年技术创新合力

指标	数值
申请人合作	2017 年申请人合作申请的专利族有 106 个，占专利总量的 33.0%。申请人最多的一项专利有 13 个申请人共同申请
产学研合作	企业和研究机构之间合作申请的专利族数量为 16 个，占机构专利总量的 5.9%
引用非专利文献	引用非专利文献 308 次，平均每个专利族引用非专利文献 0.96 次，单个专利族最高引用非专利文献数量 10 篇

2. 学术创新合力排名居中

(1) 政府资助论文数：2017 年多伦多市发表的论文中，政府基金项目资助的论文有 11 660 篇，占 61.11%。

(2) 合作国家和地区排名：多伦多市发表的论文共与 183 个国家和地区有合作关系，这些合作的论文(总量 10 513 篇)占多伦多市论文量的 55.10%，其中与中国合作的学术论文数量为 1 445 篇，排在所有合作国家和地区的第 4 位(图 13.7)。

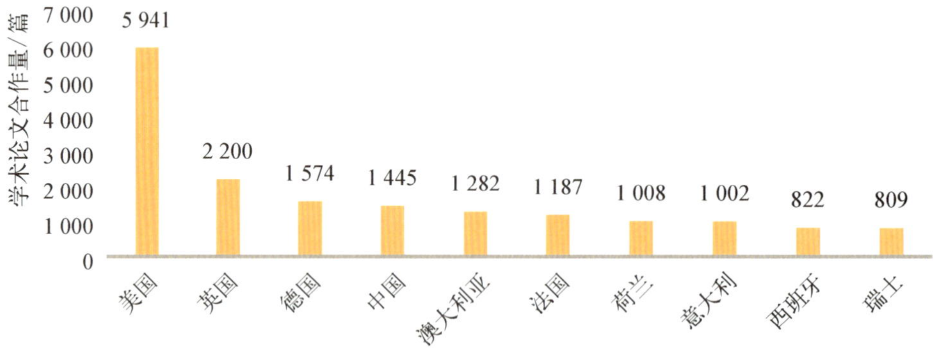

图 13.7 2017 年多伦多市学术论文合作前 10 位国家和地区

(3) 机构合作：两家或更多机构合作的论文共有 15 864 篇，占 83.14%。其中，合作机构最多的一篇论文有 569 家机构参与合作。

第 14 章

柏　林

柏林是德国首都，也是德国最大的城市，现有居民约 371.2 万人。柏林位于德国东北部，四面被勃兰登堡州环绕，施普雷河和哈弗尔河流经该市，总面积约 891.7 平方公里。柏林也是德国 16 个联邦州之一，与汉堡、不来梅同为德国仅有的 3 个城市州。

柏林无论是从文化、政治、传媒还是科学上讲都称得上是世界级城市。该市经济主要基于服务业，包括多种多样的创造性产业、传媒集团、议会举办地点。柏林扮演欧洲大陆上航空与铁路运输交通枢纽的角色，同时它也是欧盟内游客数量最多的城市之一。主要的产业包括信息技术、制药、生物工程、生物科技、光学电子、交通工程和可再生能源。

2017 年，柏林 GDP 达到 1 366.1 亿欧元。柏林聚集了众多科研院所：包括 4 所公立综合性大学、3 所公立艺术高校、6 所高等专科、30 所私立高校，以及约 70 家公共财政支持的高校外研究机构等。柏林的传统优势产业在于钢铁、机械与汽车制造、电气工业、制药与化学工业、食品工业等，未来的创新与技术发展重点为医疗经济、数字经济、环境与能源技术、交通物流业、电气工程学五大领域。

14.1 创新态势

1. PCT 专利年度公开量快速下滑后逐渐企稳

2008—2017 年，柏林申请并公开了 8 115 项 PCT 专利，共 8 072 个专利族。其中，2017 年为 504 个专利族，平均万人 PCT 专利数量为 1.4 项。从专利年度公开量上看，2012—2015 年专利数量出现快速下滑，2016 年和 2017 年开始企稳。PCT 专利十年年度复合增长率为−7.32%，近三年年度复合增长率为 4.88%(图 14.1)。

2. 论文数量整体呈缓慢上升趋势

2008—2017 年间，柏林市每年发表的重要论文(包括 SCI、CPCI)数量呈现出缓慢增

图 14.1　2008—2017 年 PCT 专利年度公开量

长趋势，2016 年达到最高数量，2017 年有所回落。2017 年柏林市共发表重要学术论文 16 504 篇。近十年年度复合增长率为 4.18%，近三年年度复合增长率为 −0.02%（图 14.2）。

图 14.2　2008—2017 年论文年度发表数量

14.2　创新热点

1. 专利技术热点聚焦医药制品、信息安全、化学工程等

从专利技术热点角度看，2017 年柏林技术创新热点集中在医药制品、信息安全、化学工程、材料分析、医疗器械等方面。与 2012—2016 年热点技术相比，医药制品和信息安全相关研发热点得到一定程度提升（表 14.1，图 14.3）。

表 14.1 十大热点专利技术排名对比

排名	2017 年		2012—2016 年	
	热 点 技 术	专利数量	热 点 技 术	专利数量
1	含有机有效成分医药配制品	88	含有机有效成分医药配制品	369
2	抗肿瘤药	52	抗肿瘤药	194
3	治疗心血管系统疾病的药物	28	含有两个以上杂环的化合物，氮作为仅有的杂环原子，至少有1个环是仅含有1个氮原子的六元环	84
4	具有识别或安全功能的承载信息用卡片	26	利用特殊方法来研究或分析材料	83
5	含有两个以上杂环的化合物，氮作为仅有的杂环原子，至少有1个环是仅含有1个氮原子的六元环	22	治疗心血管系统疾病的药物	82
6	在稠环系中含有氮原子作为仅有的杂环原子、其中至少1个环是含有1个氮原子的六元环的杂环化合物	18	具有识别或安全功能的承载信息用卡片	78
7	含有两个以上的杂环的化合物，以氮原子作为仅有的杂环原子	16	在稠环系中含有氮原子作为仅有的杂环原子、其中至少1个环是含有1个氮原子的六元环的杂环化合物	67
8	利用特殊方法来研究或分析材料	16	在稠环系中含有氮原子作为仅有的杂环原子的杂环化合物	58
9	医用吸引或汲送器械	14	防止未授权行为的保护计算机或计算机系统的安全装置	143
10	治疗免疫或过敏性疾病的药物	14	含有两个以上的杂环的化合物，以氮原子作为仅有的杂环原子	114

注：下划线为两个年份段不同的热点技术。

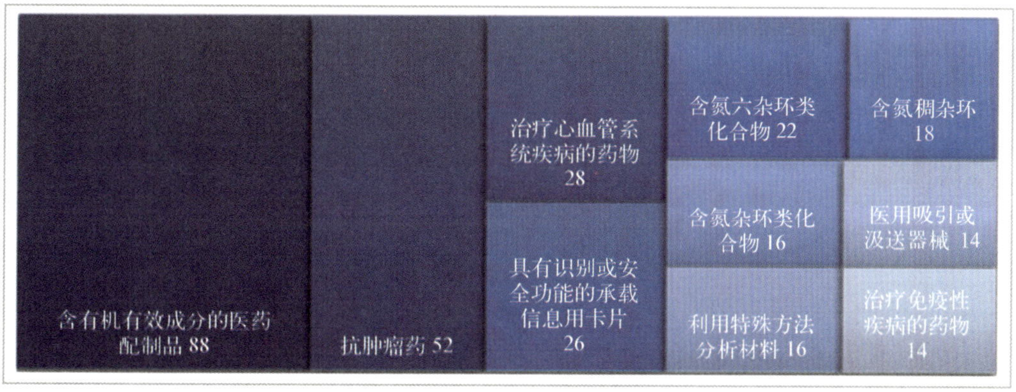

图 14.3 2017 年十大热点专利技术

2. 新兴技术产业研发排名靠后

从新兴技术研发角度看，在我们筛选出的十大新兴技术 PCT 专利数量上，柏林在 20 个城市中排名落后。比较关注精准医疗技术研发(图 14.4)。

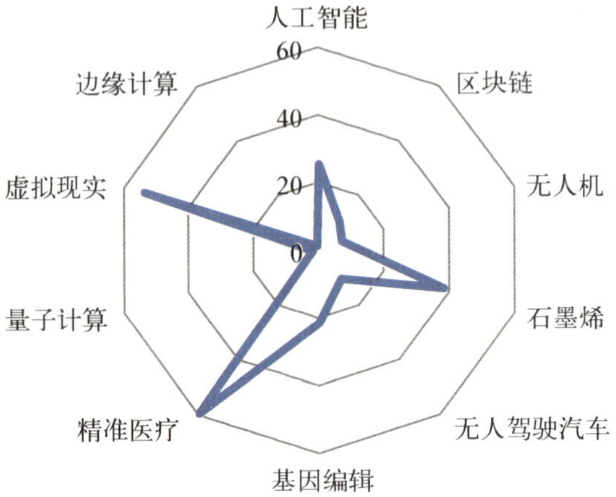

图 14.4　十大新兴技术 PCT 专利数量

3. 学术研究热点呈现多元化发展，工程电子占据首位

从论文研究热点看，2017 年柏林市的主要研究方向呈现出多方向发展，医学、工程电子、物理、化学等均进入前十大热门领域，且近几年柏林都保持这种多角度发展状况(表 14.2，图 14.5)。

表 14.2　学术论文十大热点领域排名对比

排名	2017 年		2014—2016 年	
	热 点 技 术	论文数量	热 点 技 术	论文数量
1	工程电子与电气	858	工程电子与电气	9 012
2	多学科科学	850	肿瘤学	5 582
3	神经科学	803	应用物理	4 493
4	材料科学，多学科	753	多学科科学	4 151
5	肿瘤学	748	生物化学与分子生物学	3 639
6	应用物理	735	外科学	3 322
7	光学	708	材料科学，多学科	3 210
8	物理化学	624	神经科学	3 058

续 表

排名	2017年		2014—2016年	
	热点技术	论文数量	热点技术	论文数量
9	化学,多学科	615	药理学与药剂学	3 019
10	临床神经学	523	化学,多学科	2 934

注：下划线为两年份段不同的热点技术。

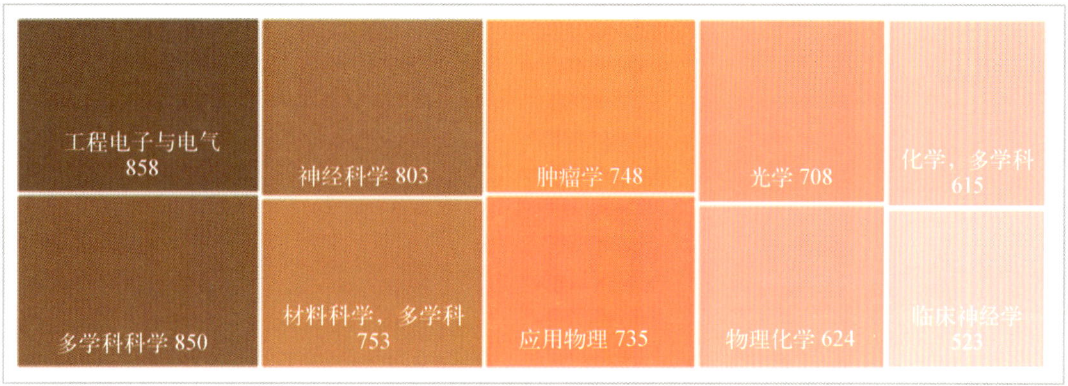

图 14.5　2017 年学术论文十大热点领域

4. 新兴技术学术研究领域排名中间偏后,较关注石墨烯技术

从新兴技术学术研究角度看,在我们筛选出的十大新兴技术 SCI 和 CPCI 论文数量上,柏林在 20 个城市排名中间偏后,比较关注石墨烯技术(图 14.6)。

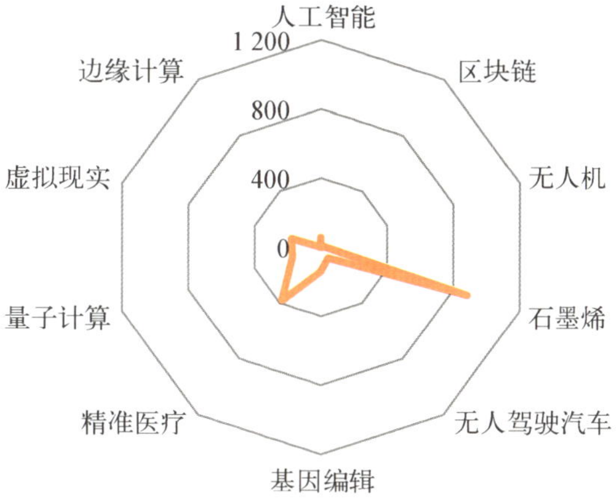

图 14.6　十大新兴技术论文数量

14.3 创新质量

1. 专利质量排名居中，专利族平均规模较高

专利质量指标数值见表 14.3。

表 14.3 2015—2017 年专利质量指标

指　标	数　值
专利全球申请	2015—2017 年共申请 1 497 项 PCT 专利共 1 489 个专利族，包含全球 6 415 项同族专利，平均每个专利族包含 4.3 项同族专利
专利授权情况	有 246 个专利族包含一个或一个以上发明专利获得专利授权，占专利族数量的 16.5%
权利要求数量	专利权利要求数量 23 286 项，平均每个专利族包含 16.0 项权利要求，单个专利族最高权利要求数量为 278 项
被专利引用情况	被其他专利引用 493 次，平均每个专利族被引用 0.33 次，单个专利族最高被引用 17 次
高质量专利数量	被引次数大于 10 次的专利族数量 6 项，占比 0.40%
引用专利情况	引用其他专利 8 774 次，平均每个专利族引用其他专利 5.89 次，单个专利族最高引用其他专利 196 次
涉及的技术广度	涵盖 1 010 个 IPC 大组，2 407 个 IPC 小组

2. 论文质量排名中间偏后

2015—2017 年柏林市发表的学术论文共计被引用 295 081 次，单篇最高被引 2 194 次，发表 ESI 高被引论文 835 篇；柏林市通讯作者机构的论文被引用 98 091 次，单篇最高被引 416 次，发表 ESI 高被引论文 191 篇。

14.4 创新主体

1. 企业拥有技术创新话语权

2017 年柏林排名前 10 位的机构申请人申请的专利族数量为 269 个，占比 53.4%，呈

现出专利比较集中在大机构的特点。排名前 100 家机构包括 90 家企业、10 所高校与研究机构、1 家医疗机构，专利占比分别为 91.4%、11.2%、2.1%，企业专利占比较高(表 14.4)。

表 14.4 2017 年专利申请人前 10 位排名

排名	专利申请人	专利数量	申请人属性
1	BAYER PHARMA AG(拜耳)	93	企业
2	BUNDESDRUCKEREI GMBH(德国联邦印钞公司)	59	企业
3	BOMBARDIER TRANSPORTATION GMBH(庞巴迪运输)	33	企业
4	ATOTECH DEUT GMBH(艾脱奇德国公司)	23	企业
5	UNIV BERLIN TECH(柏林工业大学)	23	大学
6	BERLIN HEART GMBH(柏林心脏有限公司)	14	企业
7	DELBRUECK CENT MOLEKULARE MEDIZIN MAX(马克斯·德尔布吕克分子医学中心)	9	医疗机构
8	FORSCHUNGSVERBUND BERLIN EV	7	研究机构
9	GLYCOTOPE GMBH(葛莱高托普有限公司)	6	企业
10	UNIV FREIEN BERLIN(柏林自由大学)	6	大学

2. 医疗机构学术研究占据一定份额

2017 年柏林市研究论文发表机构以大学和研究所为主，前 10 位机构中有 3 所大学，4 所研究机构，4 家医疗机构。发表论文数量排名前 10 位机构的发文量为 10 238 篇，占柏林市发文量的 62.0%。排名前 100 家机构中 93 家为研究机构，论文量占比 63.3%，另外 7 家为医疗机构，论文量占比为 25.2%(表 14.5)。

表 14.5 2017 年论文发表机构前 10 位排名

排名	机构	论文数量	机构类型
1	Charite(柏林夏洛特医科大学)	4 060	医疗机构
2	Humboldt Univ(洪堡大学)	1 937	大学
3	Tech Univ Berlin(柏林工业大学)	1 992	大学
4	Free Univ Berlin(柏林自由大学)	1 918	大学

续 表

排名	机　　构	论文数量	机构类型
5	Helmholtz Zentrum Berlin Mat & Energie(柏林材料与能源赫姆霍兹研究中心)	412	研究机构
6	BAM Fed Inst Mat Res & Testing(德国联邦材料研究中心)	363	研究机构
7	Robert Koch Inst(罗伯特科赫研究所)	350	研究机构
8	Max Delbruck Ctr Mol Med(马克斯・德尔布吕克分子医学中心)	262	医疗机构
9	Berlin Inst Hlth(柏林健康研究所)	246	医疗机构
10	Leibniz Inst Freshwater Ecol & Inland Fisheries(莱布尼茨淡水生态和内陆渔业所)	156	研究机构

14.5 创新合力

1. 技术创新合力排名靠后

技术创新合力数值见表 14.6。

表 14.6　2017 年技术创新合力

指　　标	数　　值
申请人合作	2017 年申请人合作申请的专利族有 74 个,占专利总量的 14.7%。申请人最多的一项专利有 7 个申请人共同申请
产学研合作	企业和研究机构之间合作申请的专利族数量为 20 个,占机构专利总量的 4.3%
引用非专利文献	引用非专利文献 2 301 次,平均每个专利族引用非专利文献 4.57 次,单个专利族最高引用非专利文献数量 161 篇

2. 学术创新合力居中

(1) 政府资助论文数:2017 年柏林市发表的学术论文中,政府基金项目资助的论文有 10 338 篇,占 62.6%。

(2) 合作国家和地区排名:柏林市发表的论文共与 187 个国家与地区有合作关系,这些合作的论文(总量 9 348 篇)占柏林市论文量的 56.6%,其中中国排在第 10 位,共合作 841 篇(图 14.7)。

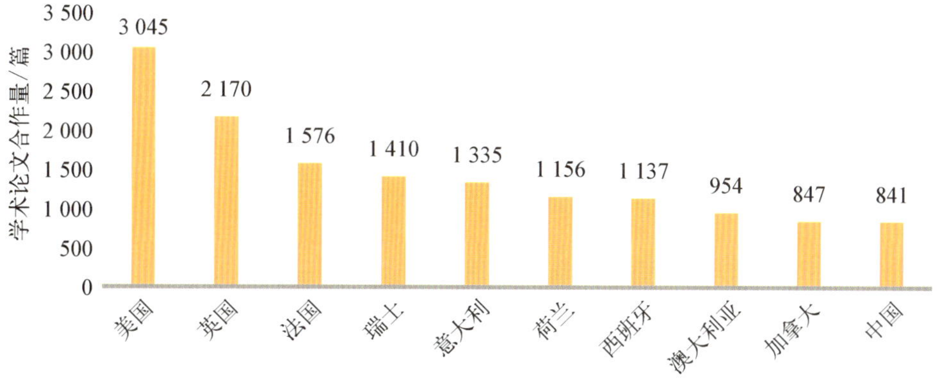

图 14.7 2017 年柏林市学术论文合作前 10 位国家和地区

(3) 机构合作：两家或更多机构合作的论文共有 13 853 篇，占 83.94%。其中，合作机构最多的一篇论文有 569 家机构参与合作。

第15章

伦　敦

伦敦位于英格兰东南部，地跨泰晤士河下游两岸，总面积1 572平方公里，由伦敦金融城、内伦敦和外伦敦组成。当前人口约878.8万。作为首屈一指的世界级城市，伦敦以其悠久的历史，雄厚的经济实力、浓重的文化底蕴而享誉全球，且多年来始终稳居国际金融中心和国际航运中心宝座。

伦敦科技创新实力称雄欧洲。拥有如伦敦城市大学、伦敦大学学院、帝国理工学院、伦敦政治经济学院等众多的大学和学术研究机构，闻名于世的牛津大学和剑桥大学也距离伦敦不远。伦敦拥有的高校研究经费占了全英国的25%，平均每位学生的研究经费是英国其他地区的2倍。

伦敦还拥有欧洲地区顶级的科研实力，尤其在生命科学、数字经济等领域独占鳌头。伦敦生命科学领域的发展具有研究机构多、产业集群强、研发投入大、创新成果多、优质人才富足等特点。

伦敦的数字经济产业占了英国的两成以上，如计算机及相关行业的就业量占全英国的近24%，通信行业占近22%。伦敦还聚集了众多全球顶尖的科技公司，包括脸书、谷歌、英特尔、麦肯锡、亚马逊等，成为跨国企业在欧洲的“最重要一站”。

15.1　创新态势

1. PCT专利年度公开量处于连续下降后的缓慢回升之中

2008—2017年，伦敦申请并公开了15 607项PCT专利，共15 509个专利族。其中，2017年为1 495个专利族，平均万人PCT专利数量为1.7项。从专利年度公开量上看，总体呈现连续下滑后缓慢回升的趋势。PCT专利十年年度复合增长率为−4.31%，近三年年度复合增长率为5.56%(图15.1)。

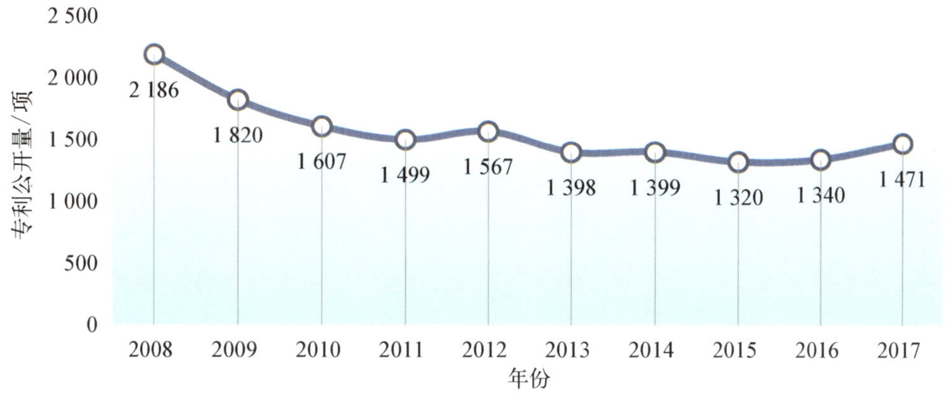

图 15.1 2008—2017 年 PCT 专利年度公开量

2. 论文年度发表数量呈上升趋势

2008—2017 年间，伦敦市每年发表的重要论文（包括 SCI、CPCI）数量呈现出较平稳的增长趋势。2017 年伦敦市共发表重要学术论文 44 543 篇。近十年年度复合增长率为 5.61％，近三年年度复合增长率为 1.92％（图 15.2）。

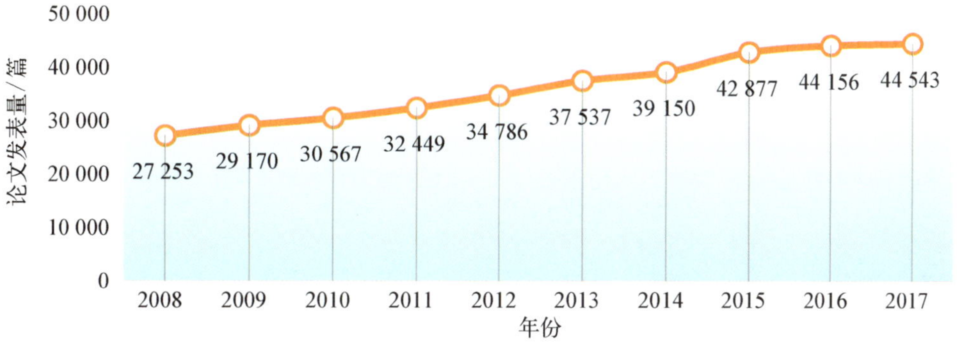

图 15.2 2008—2017 年论文年度发表数量

15.2 创 新 热 点

1. 专利技术热点中，化妆品、电子烟、网络安全技术受到追捧

从专利技术热点角度看，2017 年伦敦市技术创新热点集中在化妆品、医药制品、包括电子烟在内的禁烟用品、洗涤用品、信息技术等方面。与 2012—2016 年热点技术相比，化妆品、电子烟、计算机及网络安全的研发热度有所升温，医药制品研发略有降温。

表 15.1　十大热点专利技术排名对比

排名	2017 年		2012—2016 年	
	热 点 技 术	专利数量	热 点 技 术	专利数量
1	化妆品或梳妆品	94	含有机有效成分医药配制品	416
2	含有含有机有效成分医药配制品	73	化妆品或梳妆品	379
3	禁烟用品	63	洗涤组合物的其他配料成分	246
4	洗涤组合物的其他配料成分	59	专用数字计算设备或数据处理设备、方法	186
5	防止未授权行为的保护计算机或计算机系统的安全装置	40	数字信息传输的装置、设备、电路和系统	160
6	数据交换网络	39	禁烟用品	149
7	数字信息传输的装置、设备、电路和系统	39	数据交换网络	148
8	护理皮肤的制剂	36	毛发护理的制剂	147
9	研究或分析材料的特殊方法	36	研究或分析材料的特殊方法	145
10	具有多于 20 个氨基酸的肽;促胃液素;生长激素释放抑制因子;促黑激素;其衍生物	35	抗肿瘤药	142

注：下划线为两个年份段不同的热点技术。

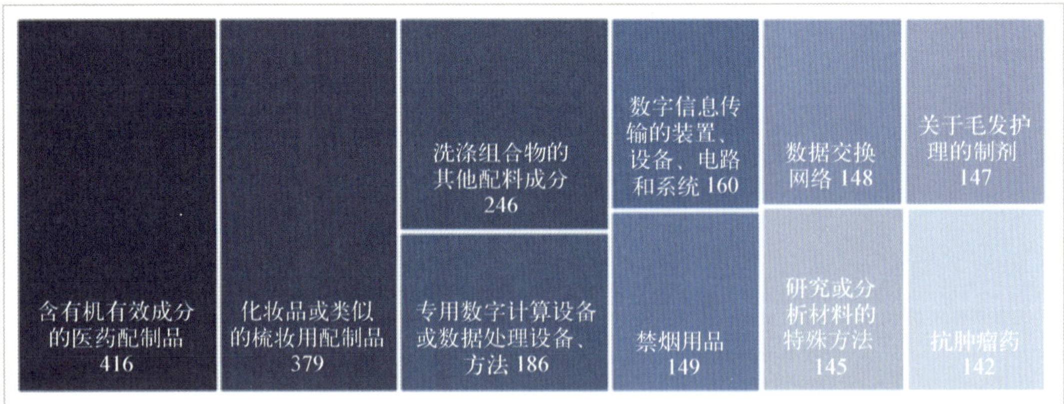

图 15.3　2017 年十大热点专利技术

2. 新兴技术产业研发排名中上，关注无人驾驶、虚拟现实和人工智能技术

从新兴技术研发角度看，在我们筛选出的十大新兴技术 PCT 专利数量上，伦敦在 20 个城市中排名中间偏上。分项排名中，量子计算、无人机和区块链技术排名前 5 位。同

时，比较关注无人驾驶、虚拟现实和人工智能技术研发(图 15.4)。

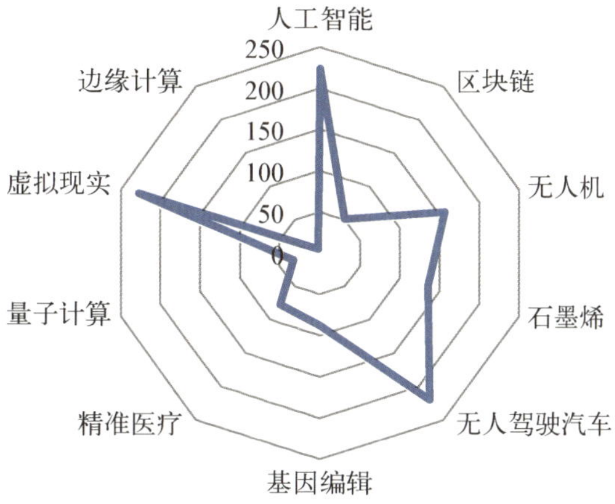

图 15.4 十大新兴技术 PCT 专利数量

3. 学术研究热点以医学研究为主要研究方向

从学术论文研究热点看，2017 年伦敦市的主要学术研究方向为医学领域，并且偏向其中的神经学、全科医学、肿瘤学等领域。与 2014—2016 年研究热点相比变化不大(表 15.2，图 15.5)。

表 15.2 学术论文十大热点领域排名对比

排名	2017 年		2014—2016 年	
	热 点 技 术	论文数量	热 点 技 术	论文数量
1	神经科学	2 561	神经科学	7 430
2	临床神经学	2 230	医学，全科和内科	7 018
3	医学，全科和内科	2 194	肿瘤学	6 915
4	肿瘤学	2 161	临床神经学	6 802
5	多学科科学	2 149	精神病学	6 107
6	公共、环境和职业健康	1 823	多学科科学	6 099
7	心脏及心血管系统	1 670	外科学	5 837
8	精神病学	1 624	工程电子与电气	5 426
9	工程电子与电气	1 598	心脏及心血管系统	5 401
10	外科学	1 512	公共、环境和职业健康	5 316

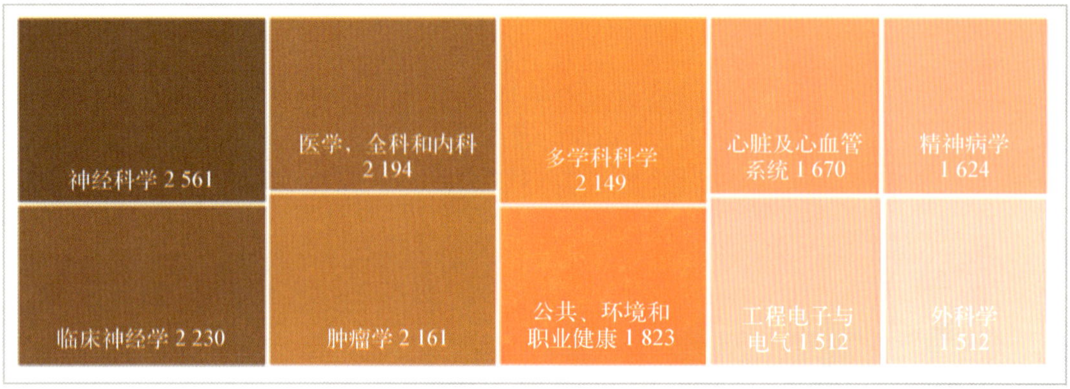

图 15.5　2017 年学术论文十大热点领域

4. 新兴技术学术研究领域排名靠前，更关注精准医疗技术

从新兴技术学术研究角度看，在我们筛选出的十大新兴技术 SCI 和 CPCI 论文数量上，伦敦在 20 个城市中排名中间靠前。分项排名中，人工智能、虚拟现实、精准医疗、量子计算和边缘计算技术排名前 5 位，更为关注精准医疗技术（图 15.6）。

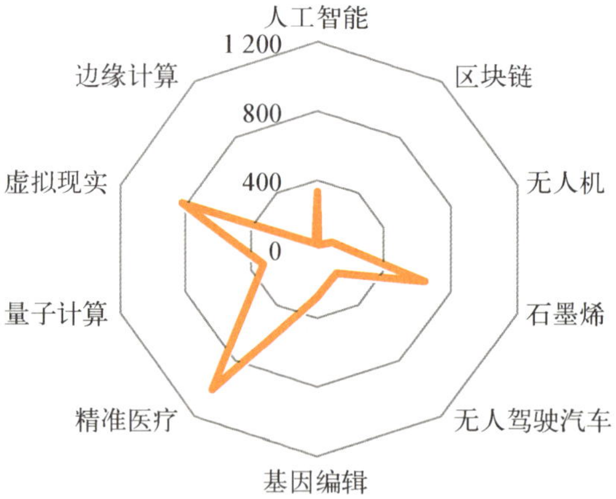

图 15.6　十大新兴技术论文数量

15.3　创新质量

1. 专利质量排名居中，专利族平均规模较高

专利质量指标数值见表 15.3。

表 15.3 2015—2017 年专利质量指标

指 标	数 值
专利全球申请	2015—2017 年共申请 4 220 项 PCT 专利共 4 209 个专利族，包含全球 18 336 项同族专利，平均每个专利族包含 4.36 项同族专利
专利授权情况	有 855 个专利族包含一个或一个以上发明专利获得专利授权，占专利族数量的 20.3%
权利要求数量	专利权利要求数量 94 347 项，平均每个专利族包含 23.11 项权利要求，单个专利族最高权利要求数量为 281 项
被专利引用情况	共被其他专利引用 1 874 次，平均每个专利族被引用 0.45 次，单个专利族最高被引用 57 次
高质量专利数量	被引次数大于 10 次的专利族数量 32 项，占比 0.76%
引用专利情况	引用其他专利 19 848 次，平均每个专利族引用其他专利 4.72 次，单个专利族最高引用其他专利 222 次
涉及的技术广度	涵盖 1 728 个 IPC 大组，5 206 个 IPC 小组

2. 论文质量排名居中

2015—2017 年伦敦市发表的论文共计被引用 807 225 次，单篇最高被引 2 223 次，发表 ESI 高被引论文 2 618 篇；伦敦市通讯作者机构的论文被引用 302 123 次，单篇最高被引 1 999 次，发表 ESI 高被引论文 778 篇。

15.4 创新主体

1. 企业拥有专利比例极高，领先机构多为企业

2017 年伦敦排名前 10 位的机构申请人申请的专利族数量为 809 次，占比 54.1%，呈现出专利较为集中在大机构的特点，且以企业为主。排名前 100 家机构包括 91 家企业、6 所高校与研究机构，专利占比分别为 96.8%和 3.1%，企业专利占比极高(表 15.4)。

表 15.4 2017 年专利申请人前 10 位排名

排名	专 利 申 请 人	专利数量	申请人属性
1	UNILEVER PLC(联合利华公司)	282	企业
2	IMPERIAL INNOVATIONS LTD(帝国创新公司)	125	企业
3	BAE SYSTEMS PLC(BAE 系统公司)	95	企业

续 表

排名	专 利 申 请 人	专利数量	申请人属性
4	BRITISH TELECOM PLC(英国电信集团)	90	企业
5	JOHNSON MATTHEY PLC(庄信万丰公司)	78	企业
6	BRITISH AMERICAN TOBACCO INVESTMENTS LTD(英美烟草投资公司)	59	企业
7	NICOVENTURES HOLDINGS LTD(尼科创业控股有限公司)	29	企业
8	CANCER RES TECHNOLOGY LTD(癌症研究技术公司)	21	企业
9	ONESUBSEA IP UK LTD(海底 IP 英国有限公司)	17	企业
10	UNIV QUEEN MARY LONDON(伦敦玛丽王后大学)	14	大学

2. 大学是学术创新主体,医疗机构学术研究占一定比例

2017 年伦敦市研究论文发表机构中多为大学和医疗机构,发表学术论文数量排名前 10 位机构的发文量为 30 477 篇,占伦敦发文量的 68.4%,前 10 位的机构类型主要为大学和医疗机构。排名前 100 家机构包括 86 家研究机构,论文量占比 75.6%,另有 14 家医疗机构,论文量占比 18.7%(表 15.5)。

表 15.5 2017 年论文发表机构前 10 位排名

排名	机 构	发表论文数	机构类型
1	UCL(伦敦大学学院)	12 063	大学
2	Imperial Coll London(帝国理工学院)	9 922	大学
3	Kings Coll London(伦敦国王学院)	6 122	大学
4	London Sch Hyg & Trop Med(伦敦大学卫生和热带医学学院)	2 359	医疗机构
5	Queen Mary Univ London(伦敦大学玛丽女王学院)	2 011	大学
6	Kings Coll Hosp London(国王学院医院)	817	大学
7	Guys & St Thomas NHS Fdn Trust(圣托马斯医院)	785	医疗机构
8	St Georges Univ London(伦敦大学圣乔治学院)	767	大学
9	Nat Hist Museum(自然史博物馆)	740	研究机构
10	Great Ormond St Hosp Sick Children(大奥蒙德街儿童医院)	627	医疗机构

15.5 创新合力

1. 技术创新合力排名居中

技术创新合力数值见表15.6。

表15.6 2017年技术创新合力

指 标	数 值
申请人合作	2017年申请人合作申请的专利族有540个,占专利总量的36.1%。申请人最多的一项专利有9个申请人共同申请
产学研合作	企业和研究机构之间合作申请的专利族数量为28个,占机构专利总量的2.0%
引用非专利文献	引用非专利文献6 915次,平均每个专利族引用非专利文献4.63次,单个专利族最高引用非专利文献数量111篇

2. 学术创新合力排名领先,论文的机构合作占比、国际合作占比较高

(1) 政府资助论文数:2017年伦敦市发表的论文中,政府基金项目资助的论文有26 650篇,占59.8%。

(2) 合作国家和地区排名:伦敦市发表的论文共与207个国家和地区有合作关系,这些合作的论文(总量26 961篇)占伦敦市论文量的60.5%,其中与中国合作的学术论文数量为2 607篇,排在所有合作国家和地区的第10位(图15.7)。

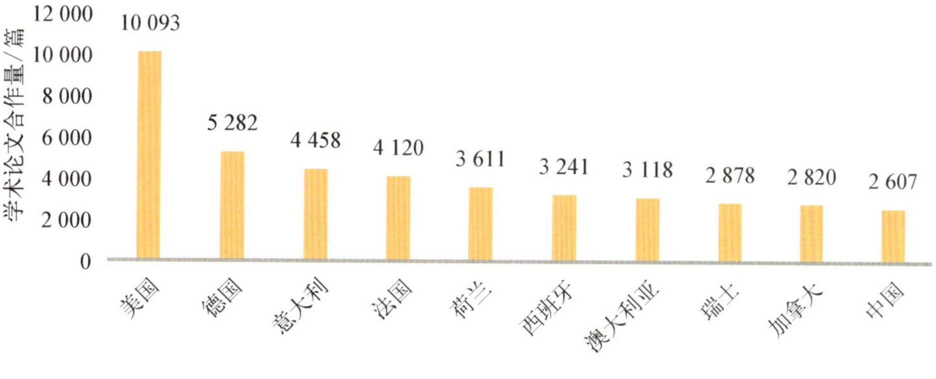

图15.7 2017年伦敦市学术论文合作前10位国家和地区

(3) 机构合作:两家或更多机构合作的论文共有36 526篇,占82.0%。其中,合作机构最多的一篇论文有569家机构参与合作。

第16章

巴　黎

巴黎是法国的首都，法国最大城市，欧洲第二大城市，法国的政治、经济、文化、商业中心。巴黎是世界五大国际大都市之一。巴黎市，主要是大环城公路以内的区域，面积只有105.4平方公里，人口220.6万。

除了众所周知的时尚、美食、文化艺术等产业，法国首都巴黎还因分布了近40家孵化器而成为全欧洲拥有新兴企业最多的城市和全球性的创新、智慧之都，在全球“对外资最友好和最具吸引力的城市”中排名第3位。全球最大的初创科技企业孵化器Station F 2017年6月29日在巴黎正式揭幕，法国总统马克龙亲临现场致辞。在Station F中，世界知名科技企业如脸书、微软、Thales集团、韩国Naver搜索引擎及法国大脑与脊髓研究所等分别投资了大数据、人工智能、网络安全、多媒体及健康产业的主题孵化器。2018年5月，法国第三届Viva Technology创新科技展在巴黎举行，汇集了航空、交通、能源、体育、健康、教育、生活服务、网络安全等各个领域的科技巨头。

16.1　创新态势

1. PCT专利年度公开量连续下滑

2008—2017年，巴黎申请并公开了33 280项PCT专利，共33 110个专利族。其中，2017年为2 829个专利族，平均万人PCT专利数量为12.9项。从专利年度公开量上看，2008—2012年为缓慢上升阶段，2013开始持续下滑。PCT专利十年年度复合增长率为−0.54%，近三年年度复合增长率为−4.93%。

2. 论文数量整体呈缓慢上升趋势，2016年后出现小幅回落

2008—2017年间，巴黎市每年发表的重要论文(包括SCI、CPCI)数量，在10年间呈现出较平稳的增长趋势，但2016年后略有下降。2017年巴黎市共发表重要学术论文27 115篇。近十年年度复合增长率为3.12%，近三年年度复合增长率为−1.44%(图16.2)。

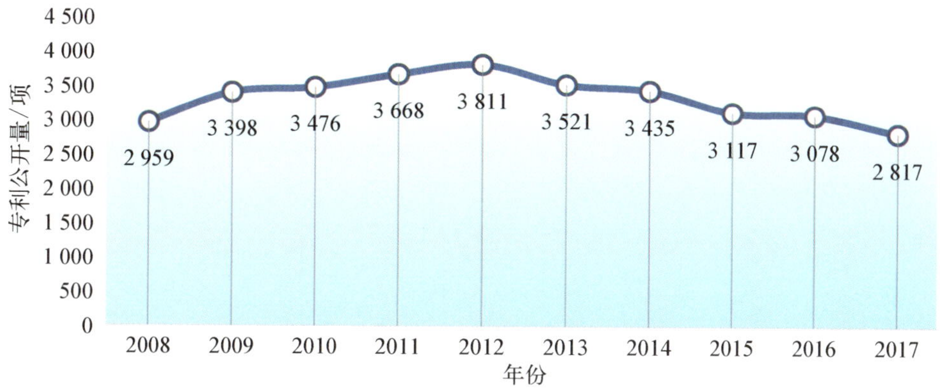

图 16.1　2008—2017 年 PCT 专利年度公开量

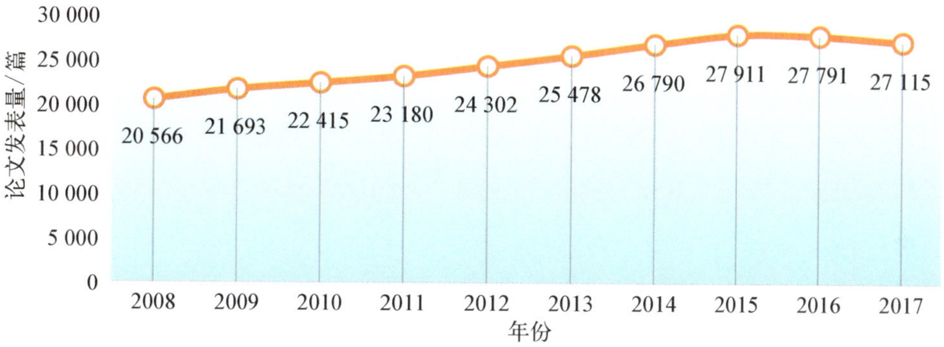

图 16.2　2008—2017 年论文年度发表数量

16.2 创新热点

1. 专利技术热点中化妆品技术得到加强，信息技术有所弱化

从专利技术热点角度看，2017 年巴黎市技术创新热点集中在化妆品、医药制品、材料分析、微生物测定、钻井开采等方面。与 2012—2016 年热点技术相比，含有抗原或抗体的医药配制品、其他钻井设备或零件、化妆品及去除化妆品用配制品相关技术代替了数字信息传输、护理皮肤的制剂、数据交换网络技术。技术热点中，化妆品、钻井开采技术得到加强，信息技术有所弱化(表 16.1，图 16.3)。

表 16.1 十大热点专利技术排名对比

排名	2017 年		2012—2016 年	
	热点技术	专利数量	热点技术	专利数量
1	化妆品或类似的梳妆用配制品	259	化妆品或类似的梳妆用配制品	1 300
2	含有机有效成分医药配制品	135	含有机有效成分医药配制品	722
3	利用特殊方法来研究或分析材料	121	利用特殊方法来研究或分析材料	566
4	关于毛发护理的制剂	102	关于毛发护理的制剂	540
5	包含酶或微生物的测定或检验方法	77	测量钻孔或井	529
6	测量钻孔或井	73	数字信息传输的装置、设备、电路和系统	422
7	从井中开采油、气、水、矿物泥浆等的方法或设备	70	从井中开采油、气、水、矿物泥浆等的方法或设备	413
8	含有抗原或抗体的医药配制品	65	护理皮肤的制剂	377
9	其他钻井设备或零件	65	数据交换网络	349
10	化妆品；粉；去除化妆品用配制品	61	包含酶或微生物的测定或检验方法	330

注：下划线为两年份段不同的热点技术。

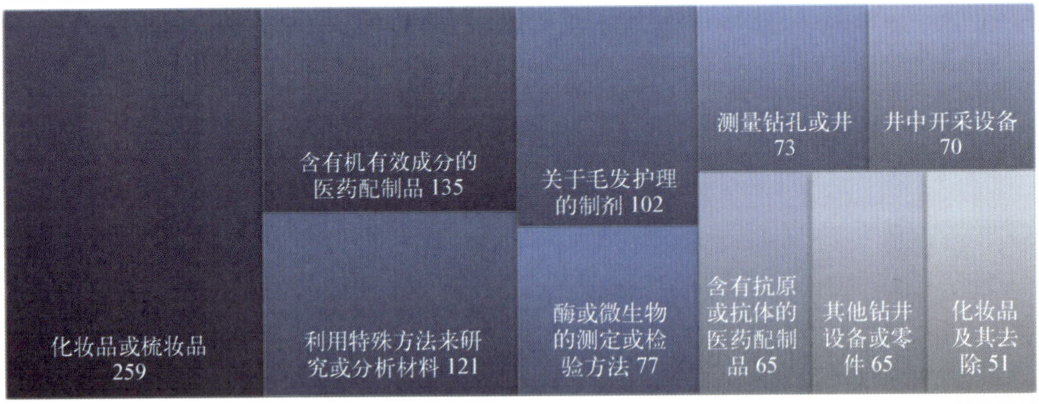

图 16.3 2017 年十大热点专利技术

2. 新兴技术产业研发排名居中，关注石墨烯、基因编辑技术

从新兴技术研发角度看，在我们筛选出的十大新兴技术 PCT 专利数量上，巴黎在 20 个城市中排名中间偏上。分项排名中，基因编辑、精准医疗、石墨烯技术排名前 5 位。同

时，更为关注石墨烯、基因编辑技术研发(图 16.4)。

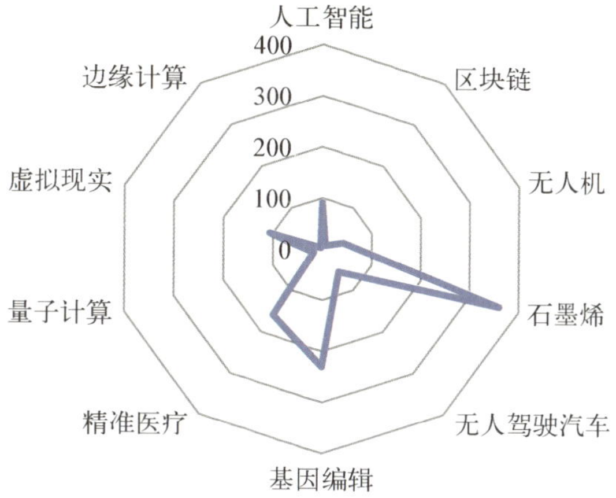

图 16.4 十大新兴技术 PCT 专利数量

3. 论学术研究热点在医学领域得到进一步加强

从学术论文研究热点看，2017 年巴黎市的主要学术研究方向为医学领域。与 2014—2016 年学术热点相比，外科学替代计算机科学进入前 10 位，显示医学作为巴黎市学术研究热点领域得到进一步加强(表 16.2，图 16.5)。

表 16.2 学术论文十大热点领域排名对比

排名	2017 年		2014—2016 年	
	热 点 技 术	论文数量	热 点 技 术	论文数量
1	肿瘤学	1 619	肿瘤学	4 744
2	多学科科学	1 300	工程电子与电气	3 878
3	神经科学	1 202	多学科科学	3 138
4	工程电子与电气	1 137	天文学与天体物理学	3 085
5	临床神经学	1 034	神经科学	3 045
6	天文学与天体物理学	962	免疫学	3 015
7	免疫学	932	血液学	2 947
8	生物化学与分子生物学	869	生物化学与分子生物学	2 741
9	外科学	781	临床神经学	2 533
10	血液学	777	计算机科学，理论与方法	2 454

注：下划线为两年份段不同的热点技术。

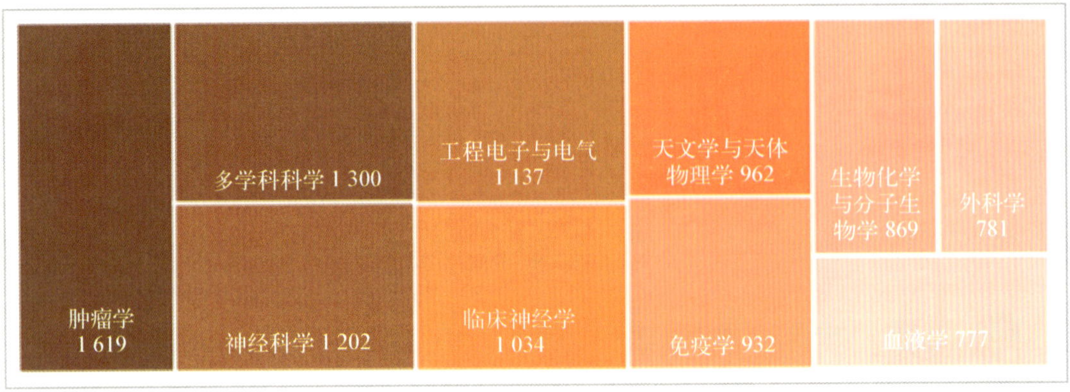

图 16.5　2017 年学术论文十大热点领域

4. 新兴技术学术研究领域排名居中，更关注精准医疗技术

从新兴技术学术研究角度看，在我们筛选出的十大新兴技术 SCI 和 CPCI 论文数量上，巴黎在 20 个城市中排名居中。分项排名中，基因编辑和精准医疗技术排名前 5 位。更为关注精准医疗技术(图 16.6)。

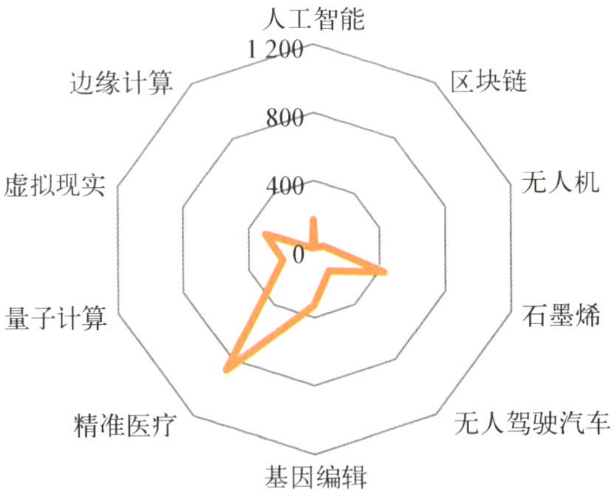

图 16.6　十大新兴技术论文数量

16.3　创新质量

1. 专利质量排名中间偏后，专利族平均规模较高

专利质量指标数值见表 16.3。

表 16.3 2015—2017 年专利质量指标

指 标	数 值
专利全球申请	2015—2017 年共申请 9 189 项 PCT 专利共 9 130 个专利族，包含全球 38 721 项同族专利，平均每个专利族包含 4.2 项同族专利
专利授权情况	有 3 409 个专利族包含一个或一个以上发明专利获得专利授权，占专利族数量的 37.3%
权利要求数量	专利权利要求数量 136 186 项，平均每个专利族包含 15.4 项权利要求，单个专利族最高权利要求数量为 315 项
被专利引用情况	共被其他专利引用 2 442 次，平均每个专利族被引用 0.27 次，单个专利族最高被引用 49 次
高质量专利数量	被引次数大于 10 次的专利族数量 20 项，占比 0.20%
引用专利情况	引用其他专利 49 222 次，平均每个专利族引用其他专利 5.39 次，单个专利族最高引用其他专利 204 次
涉及的技术广度	涵盖 2 412 个 IPC 大组，8 899 个 IPC 小组

2. 论文质量排名居中

2015—2017 年巴黎市发表的论文共计被引用 506 263 次，单篇最高被引 2 223 次，发表 ESI 高被引论文 1 554 篇。巴黎市通讯作者机构的论文被引用 144 835 次，单篇最高被引 650 次，发表 ESI 高被引论文 300 篇。

16.4 创 新 主 体

1. 大学和研究机构拥有较多专利，尤其体现在领先机构方面

2017 年巴黎排名前 10 位的机构申请人申请的专利族数量为 1 753 个，占比 62.0%，呈现出专利较为集中在大机构的特点，研究机构占到一半。排名前 100 家机构包括 38 家企业、52 所高校与研究机构、10 家医疗机构，专利占比分别为 59.4%、45.4%和 5.5%，研究机构申请专利比例较高(表 16.4)。

表 16.4 2017 年专利申请人前 10 位排名

排名	专 利 申 请 人	专利数量	申请人属性
1	CENT NAT RECH SCI(法国国家科学研究中心)	580	研究机构
2	COMMISSARIAT ENERGIE ATOMIQUE(原子能和替代能源委员会)	347	研究机构

续　表

排名	专 利 申 请 人	专利数量	申请人属性
3	INSERM INST NAT SANTE & RECH MEDICALE（国家健康与医学研究院）	327	研究机构
4	L'OREAL SA（欧莱雅公司）	327	企业
5	ORANGE（Orange 股份有限公司）	146	企业
6	AIR LIQUIDE SA（液化空气集团）	111	企业
7	UNIV CURIE PARIS VI P & M（巴黎第六大学）	90	大学
8	ASSISTANCE PUBLIQUE HOPITAUX PARIS（巴黎公立医院集团）	85	医疗机构
9	RHODIA OPERATIONS（罗地亚经营管理公司）	73	企业
10	UNIV PARIS DIDEROT PARIS 7（巴黎第七大学）	65	大学

2. 大学和研究机构是学术创新主体

2017 年巴黎市研究论文发表机构，以研究机构和大学为主。发表学术论文数量排名前 10 位机构的发文量为 17 059 篇，占巴黎发文量的 62.9%。排名前 100 家机构包括 90 家研究机构，论文量占比 79.5%，另有 10 家医疗机构，论文量占比 14.0%。

表 16.5　2017 年论文发表机构前 10 位排名

排名	机　　构	论文数量	机构类型
1	UPMC Univ Paris 06（巴黎第六大学）	5 728	大学
2	Univ Paris 05（巴黎第五大学）	3 608	大学
3	Univ Paris Diderot（巴黎第七大学）	3 320	大学
4	CNRS（法国国家科学研究院）	2 661	研究机构
5	INSERM（法国国家健康与医学研究院）	2 513	研究机构
6	Univ Paris Saclay（巴黎-萨克雷大学）	1 724	大学
7	PSL Res Univ（巴黎文理研究大学）	1 413	大学
8	Inst Pasteur（巴斯德研究所）	1 217	研究机构
9	Sorbonne Univ（索邦大学）	1 142	大学
10	Univ Paris Sud（巴黎第十一大学）	1 096	大学

16.5 创新合力

1. 技术创新合力领先，产学研占比、技术合作占比较高

技术创新合力数值见表 16.6。

表 16.6 2017 年技术创新合力

指 标	数 值
申请人合作	2017 年申请人合作申请的专利族有 1 522 个，占专利总量的 53.8%。申请人最多的一项专利有 14 个申请人共同申请
产学研合作	企业和研究机构之间合作申请的专利族数量为 175 个，占机构专利总量的 6.8%
引用非专利文献	引用非专利文献 11 147 次，平均每个专利族引用非专利文献 3.94 次，单个专利族最高引用非专利文献数量 113 篇

2. 学术创新合力排名靠前，机构合作占比和国际合作占比较高

（1）政府资助论文数：2017 年巴黎市发表的论文中，政府基金项目资助的论文有 15 750 篇，占 58.1%。

（2）合作国家和地区排名：巴黎市发表的论文共与 201 个国家和地区有合作关系，这些合作的论文（总量 16 002 篇）占巴黎市论文量的 59.0%，其中与中国合作的论文数量为 1 272 篇，排在所有合作国家和地区的第 11 位。

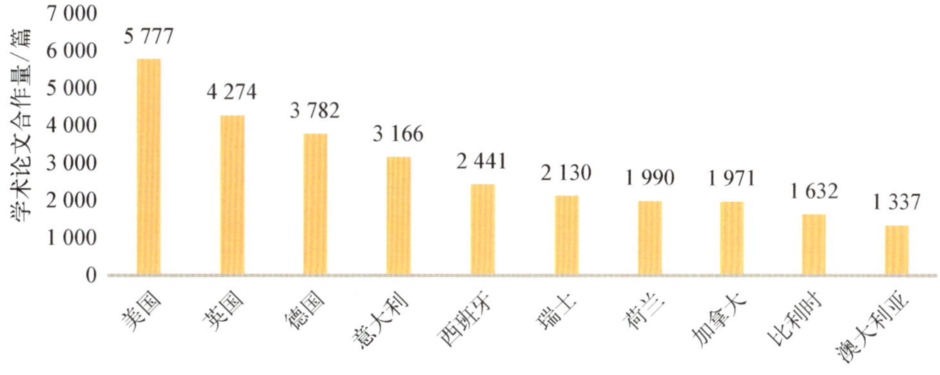

图 16.7 2017 年巴黎市学术论文合作前 10 位国家和地区

（3）机构合作：两家或更多机构合作的论文共有 24 621 篇，占 90.8%。其中，合作机构最多的一篇论文有 569 家机构参与合作。

第17章

斯德哥尔摩

斯德哥尔摩是瑞典首都，同时也是瑞典第一大城市。斯德哥尔摩位于瑞典东海岸，濒波罗的海，由14个大岛和一个半岛组成。其市区面积188平方公里，大区面积6 519平方公里。斯德哥尔摩全市有95.2万人，大都市区有231.6万人。斯德哥尔摩不仅是一座国际化成熟都市，也是一个高科技的城市，是除了硅谷之外人均高科技企业产量最高的地区。

作为瑞典的政治、经济、文化和媒体中心，斯德哥尔摩2016年的GDP达5 184亿美元。斯德哥尔摩工业发达，其工业总产值和商品零售总额均占全国的20%以上，拥有钢铁、机器制造、化工、造纸、印刷、食品等各类重要行业。斯德哥尔摩被公认为工程行业创新和科技中心，在信息通信产业、生命科学产业、汽车产业等领域具有强大的研发实力。同时，斯德哥尔摩也发展成了非常强势的教育学术中心，拥有包括瑞典皇家科学院、瑞典工程科学院、斯德哥尔摩大学和皇家工学院在内的众多世界级水平的高等教育机构。

斯德哥尔摩的特点之一就是拥有大量的跨国公司，它们在此诞生，且大部分仍持续在此经营。如电信领域的Ericsson(爱立信)和TeliaSonera(目前北欧和波罗的海地区最大的电信运营商)，能源和自动化领域的ABB，制药行业的AstraZeneca(阿斯利康)，家电行业的Electrolux(伊莱克斯)，时装行业的H&M，以及家族企业如BabyBjörn。作为适宜初创企业的理想“生态环境”，斯德哥尔摩在创新方面声誉卓著，特别是在数字化领域，高科技公司如Skype、King、Spotify享誉全球，说这里是创业公司的伊甸园可一点也不为过。它是仅次于硅谷的世界第二大“独角兽”企业聚集地。

17.1 创新态势

1. PCT专利年度公开量呈稳步上升趋势

2008—2017年，斯德哥尔摩申请并公开了16 942项PCT专利，共16 852个专利族。其中，2017年为1 900个专利族，平均万人PCT专利数量为8.2项。从专利年度公开量上看，总体呈现缓慢上升趋势。PCT 专利十年年度复合增长率为 2.91%，近三年年度复合增长率为 2.46%（图 17.1）。

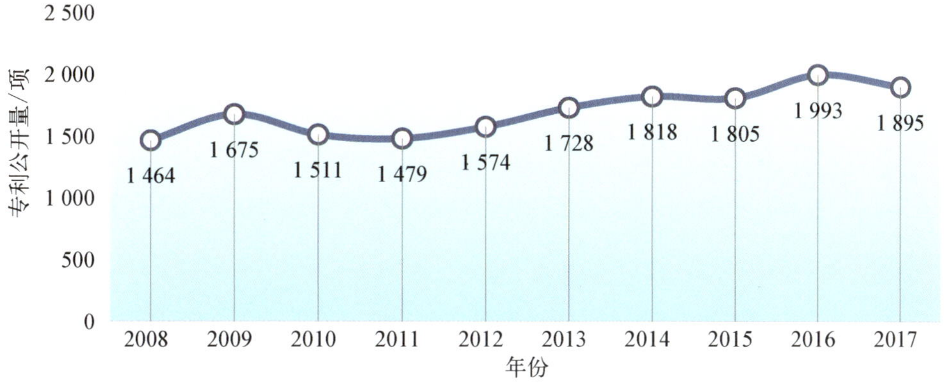

图 17.1　2008—2017 年 PCT 专利年度公开量

2. 论文数量整体呈缓慢上升趋势

2008—2017 年间，斯德哥尔摩市每年发表的重要论文（包括 SCI、CPCI）数量呈现出较平稳的增长趋势。2017 年斯德哥尔摩市共发表重要学术论文 13 144 篇。近十年年度复合增长率为 5.26%，近三年年度复合增长率为 2.25%（图 17.2）。

图 17.2　2008—2017 年论文年度发表数量

17.2　创新热点

1. 专利技术热点聚焦无线通信、数据交换网络、数字信息传输等技术

从专利技术热点角度看，2017 年斯德哥尔摩技术创新热点集中在无线通信、数据交

换网络、数字信息传输技术等方面。与 2012—2016 年相比，技术研发热点较为相似（表 17.1，图 17.3）。

表 17.1　十大热点专利技术排名对比

排名	2017 年		2012—2016 年	
	热 点 技 术	专利数量	热 点 技 术	专利数量
1	无线本地资源管理	208	数据交换网络	907
2	数据交换网络	204	数字信息传输的装置、设备、电路和系统	809
3	数字信息传输的装置、设备、电路和系统	169	无线本地资源管理	772
4	为数字信息传输通道提供多用途的装置	158	无线通信网络切换或重选装置	531
5	检测或防止收到数字信息传输中的差错的装置	136	无线通信网络连接管理	487
6	无线电传输系统	132	无线电传输系统	433
7	无线通信网络的业务或设施	132	无线通信网络的业务或设施	402
8	无线通信网络连接管理	117	为数字信息传输通道提供多用途的装置	391
9	无线通信网络切换或重选装置	108	检测或防止收到数字信息中的差错的装置	390
10	无线信道接入	107	无线网络功率管理	364

注：下划线为两个年份段不同的热点技术。

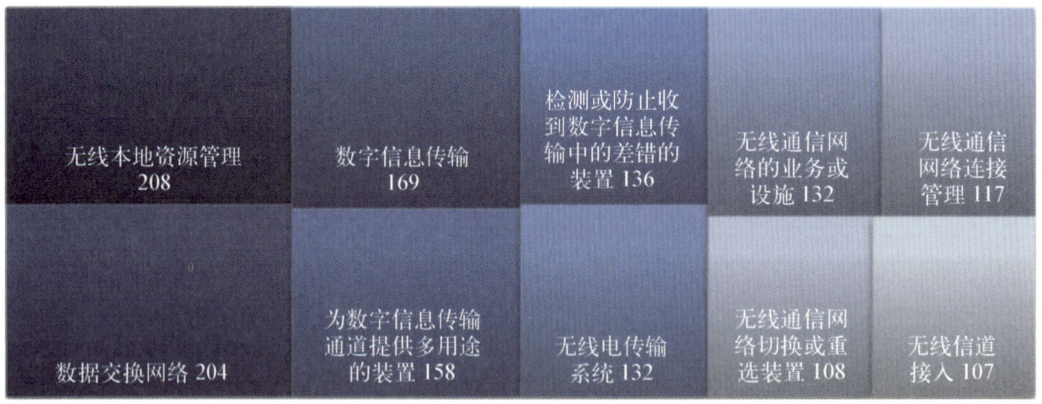

图 17.3　2017 年十大热点专利技术

2. 新兴技术产业研发排名靠后，关注虚拟现实技术

从新兴技术研发角度看，在我们筛选出的十大新兴技术 PCT 专利数量上，斯德哥尔摩在 20 个城市中排名靠后。分项排名中，边缘计算技术排名前 5 位。同时，较为关注虚拟现实技术研发(图 17.4)。

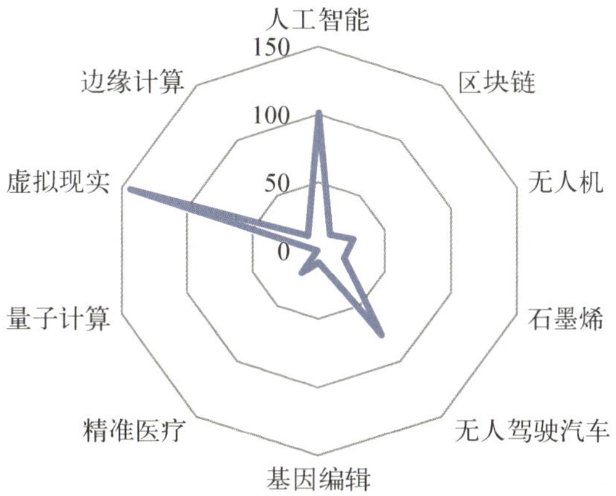

图 17.4　十大新兴技术 PCT 专利数量

3. 学术研究热点以医学为主

从学术论文研究热点看，2017 年斯德哥尔摩市的主要学术研究方向为医学领域。与 2014—2016 年学术研究热点相比，工程电子与电气下降一位排在第 2 位，而精神病学代替了生物化学与分子生物学进入前 10 位。总体上看，医学学术研究热点得到进一步增强(表 17.2，图 17.5)。

表 17.2　学术论文十大热点技术排名对比

排名	2017 年		2014—2016 年	
	热点技术	论文数量	热点技术	论文数量
1	多学科科学	735	工程电子与电气	2 133
2	工程电子与电气	675	肿瘤学	2 002
3	肿瘤学	644	多学科科学	1 840
4	神经科学	630	神经科学	1 684
5	公共、环境和职业健康	593	公共、环境和职业健康	1 564
6	免疫学	566	免疫学	1 416
7	临床神经学	499	生物化学与分子生物学	1 260

续 表

排名	2017年		2014—2016年	
	热 点 技 术	论文数量	热 点 技 术	论文数量
8	精神病学	426	临床神经学	1 234
9	环境科学	412	环境科学	1 146
10	材料科学,多学科	394	材料科学,多学科	1 088

注：下划线为两个年份段不同的热点技术。

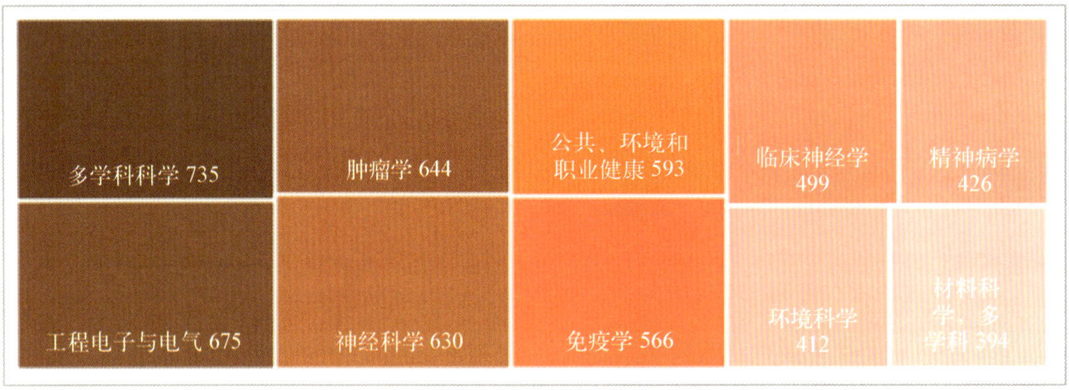

图 17.5　2017 年学术论文十大热点领域

4. 新兴技术学术研究领域排名落后，较为关注石墨烯技术

从新兴技术学术研究角度看，在我们筛选出的十大新兴技术 SCI 和 CPCI 论文数量上，斯德哥尔摩学术成果较少，在 20 个城市中排名垫底，较为关注石墨烯技术(图 17.6)。

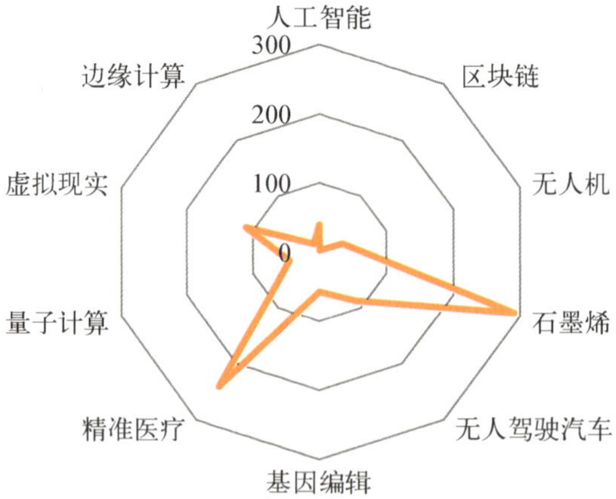

图 17.6　十大新兴技术论文数量

17.3 创新质量

1. 专利质量排名居中

专利质量指标数值见表 17.3。

表 17.3 2015—2017 年专利质量指标

指 标	数 值
专利全球申请	2015—2017 年共申请 5 741 项 PCT 专利共 5 710 个专利族，包含全球 19 724 项同族专利，平均每个专利族包含 3.5 项同族专利
专利授权情况	有 1 338 个专利族包含一个或一个以上发明专利获得专利授权，占专利族数量的 23.4%
权利要求数量	专利权利要求数量 140 595 项，平均每个专利族包含 24.9 项权利要求，单个专利族最高权利要求数量为 177 项
被专利引用情况	共被其他专利引用 3 525 次，平均每个专利族被引用 0.62 次，单个专利族最高被引用 82 次
高质量专利数量	被引次数大于 10 次的专利族数量 58 项，占比 1.02%
引用专利情况	引用其他专利 17 844 次，平均每个专利族引用其他专利 3.13 次，单个专利族最高引用其他专利 23 次
涉及的技术广度	涵盖 820 个 IPC 大组，2 500 个 IPC 小组

2. 论文质量总体较高

2015—2017 年斯德哥尔摩市论文质量较好，发表的论文共计被引用 271 744 次，单篇最高被引次数为 2 223 次，发表 ESI 高被引论文 852 篇。斯德哥尔摩市通讯作者机构的论文被引用 81 990 次，单篇最高被引次数为 1 473 次，发表 ESI 高被引论文 185 篇。

17.4 创新主体

1. 企业掌握绝大部分专利，且专利集中在少数企业手中

2017 年斯德哥尔摩排名前 10 位的机构申请人申请的专利族数量为 1 724 次，占比

90.7%，其中排名第 1 位的爱立信公司拥有专利 1 573，占比达 82.8%。呈现出专利极端集中在大机构的特点，排名前 100 家机构全都是企业（表 17.4）。

表 17.4　2017 年专利申请人前 10 位排名

排名	专 利 申 请 人	专利数量	申请人属性
1	TELEFONAKTIEBOLAGET ERICSSON L M（爱立信公司）	1 573	企业
2	ELECTROLUX AB（伊莱克斯公司）	90	企业
3	SPOTIFY AB	15	企业
4	ASSA ABLOY AB（亚萨合莱公司）	10	企业
5	ARTICULATED FUNICULATOR AB	8	企业
6	GREATER THAN AB	7	企业
7	SWEDISH MATCH NORTH EURO AB（瑞典火柴公司）	6	企业
8	CAMFIL AB（康法公司）	5	企业
9	INNVENTIA AB（因文特亚有限公司）	5	企业
10	PRISMATIC SENSORS AB（棱镜传感器公司）	5	企业

2. 大学和研究机构是学术创新主体，医疗机构学术研究占一定比例

2017 年斯德哥尔摩市研究论文发表机构以大学和研究机构为主，医疗机构也具有一定数量。此外，Ericsson 作为企业也具有很强的研究实力，论文发表数量进入前 10 位。发表学术论文数量排名前 10 位机构的发文量为 11 614 篇，占斯德哥尔摩发文量的 88.4%。排名前 100 家机构包括 94 所高校与研究机构和 6 家医疗机构，研究机构和医疗机构论文占比分别为 89.7%和 20.0%（表 17.5）。

表 17.5　论文发表机构前 10 位排名

排名	机　　构	论文数量	机构类型
1	Karolinska Inst（卡罗琳娜学院）	5 952	大学
2	KTH Royal Inst Technol（瑞典皇家理工学院）	2 926	大学
3	Stockholm Univ（斯德哥尔摩大学）	2 401	大学

续 表

排名	机　　构	论文数量	机构类型
4	Karolinska Univ Hosp(卡罗琳娜大学医院)	2 048	医疗机构
5	Swedish Museum Nat Hist(瑞典国家历史博物馆)	244	研究机构
6	Stockholm Cty Council(斯德哥尔摩市政厅)	206	政府
7	Danderyd Hosp(丹德吕德医院)	113	医疗机构
8	Soder Sjukhuset(南方总医院)	89	医疗机构
9	AlbaNova Univ Ctr(阿尔巴诺瓦大学中心)	89	研究机构
10	Ericsson Res(爱立信研究院)	81	企业

17.5 创新合力

1. 技术创新合力排名落后

技术创新合力数值见表 17.6。

表 17.6　2017 年技术创新合力

指　　标	数　　　　值
申请人合作	2017 年申请人合作申请的专利族有 160 个,占专利总量的 8.4%。申请人最多的一项专利有 7 个申请人共同申请
产学研合作	企业和研究机构之间合作申请的专利族数量为 4 个,占机构专利总量的 0.2%
引用非专利文献	引用非专利文献 3 986 次,平均每个专利族引用非专利文献 2.10 次,单个专利族最高引用非专利文献数量 60 篇

2. 学术创新合力高,体现在国际合作\机构合作占比较高

(1) 政府资助论文数:2017 年斯德哥尔摩市发表的论文中,政府基金项目资助的论文有 9 434 篇,占 71.8%。

(2) 合作国家和地区排名:斯德哥尔摩市发表的论文共与 183 个国家和地区有合作关系,这些合作的论文(总量 9 169 篇)占斯德哥尔摩市论文量的 69.8%,其中与中国合作的学术论文数量为 1 058 篇,排在所有合作国家和地区的第 8 位(图 17.7)。

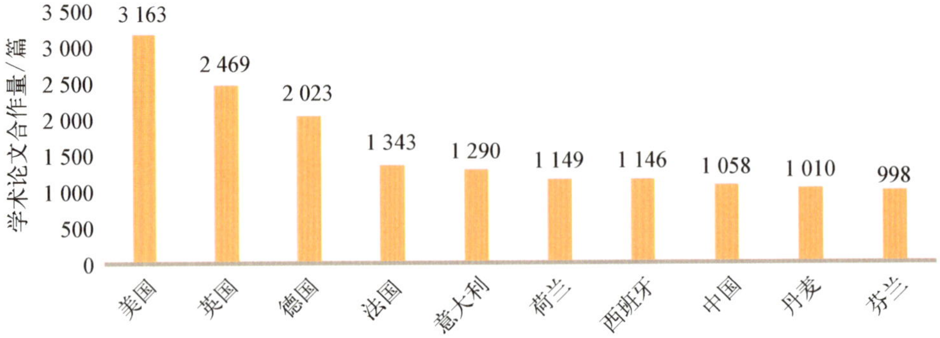

图 17.7　2017 年斯德哥尔摩市学术论文合作前 10 位国家和地区

(3) 机构合作：两家或更多机构合作的论文共有 11 519 篇，占 87.6%。其中，合作机构最多的一篇论文有 569 家机构参与合作。

第18章

莫斯科

莫斯科是俄罗斯联邦首都、莫斯科州首府。莫斯科是俄罗斯的政治、经济、文化、金融、交通中心以及最大的综合性城市，是一座国际化大都市。莫斯科面积 2 511 平方公里，与莫斯科州和卡卢加州接壤。城区人口约 1 219 万，占俄罗斯总人口的 1/10。

莫斯科经济的特点是地区生产总值(GRP)多样化的后工业结构。对城市 GRP 贡献最大的是贸易领域(GRP 的 32.3%)，以及同商业和金融服务，房地产、科学研究和开发相关的活动(GRP 的 24.5%)。工业占总增加值的 16%(其中制造业占 12.6%)。莫斯科有科研机构 1 000 多所，科学工作者人数达 20 多万。除国家科学院外，还设有全国性的艺术、医学、教育和农业研究院。

18.1 创新态势

1. PCT 专利年度公开量呈缓慢下降趋势

2008—2017 年，莫斯科申请并公开了 4 690 项 PCT 专利，共 4 685 个专利族。其中，

图 18.1 2008—2017 年 PCT 专利年度公开量

2017 年为 405 个专利族，平均万人 PCT 专利数量为 0.33 项。从专利年度公开量上看，除部分年份快速增长外，总体呈现缓步下滑趋势。PCT 专利十年年度复合增长率为 −2.49%，近三年年度复合增长率为 −9.80%。

2. 论文数量整体呈较快上升趋势

2008—2017 年间，莫斯科市每年发表的重要论文（包括 SCI、CPCI）数量呈现出较快的增长趋势，且 2013 年后增长速度又有所加快。2017 年莫斯科市共发表重要学术论文 23 903 篇。近十年年度复合增长率为 4.85%，近三年年度复合增长率为 8.81%（图 18.2）。

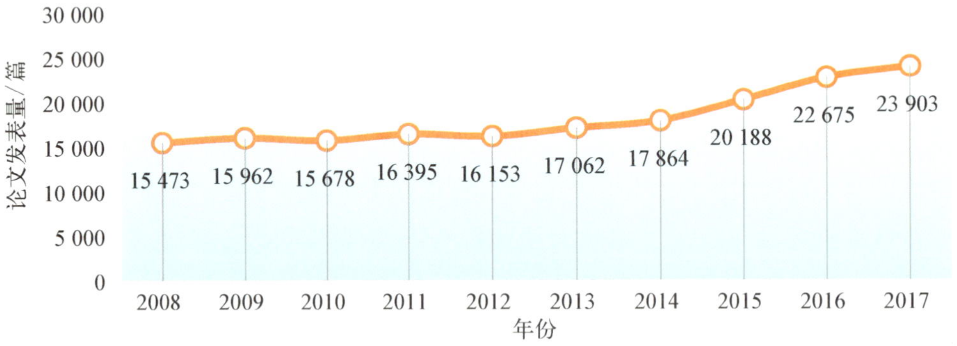

图 18.2　2008—2017 年论文年度发表数量

18.2　创 新 热 点

1. 专利技术热点聚焦医药制品

从专利技术热点角度看，2017 年莫斯科技术创新热点集中在医药制品、数据处理、医疗诊断、卫星定位等方面，其中医药配制品相关技术最为突出，排名专利热点前 10 位的技术中，有 6 个技术与医药制品相关（图 18.3）。

2. 新兴技术产业研发排名落后，相关成果较少

从新兴技术研发角度看，在我们筛选出的十大新兴技术 PCT 专利数量上，莫斯科在 20 个城市中排名靠后，相关专利较少（图 18.4）。

3. 物理化学领域为学术研究重点

从论文研究热点看，2017 年莫斯科市的主要研究方向趋向于物理、化学等基础学科，此外，其在工程电子电气、材料学也较为突出（图 18.5）。

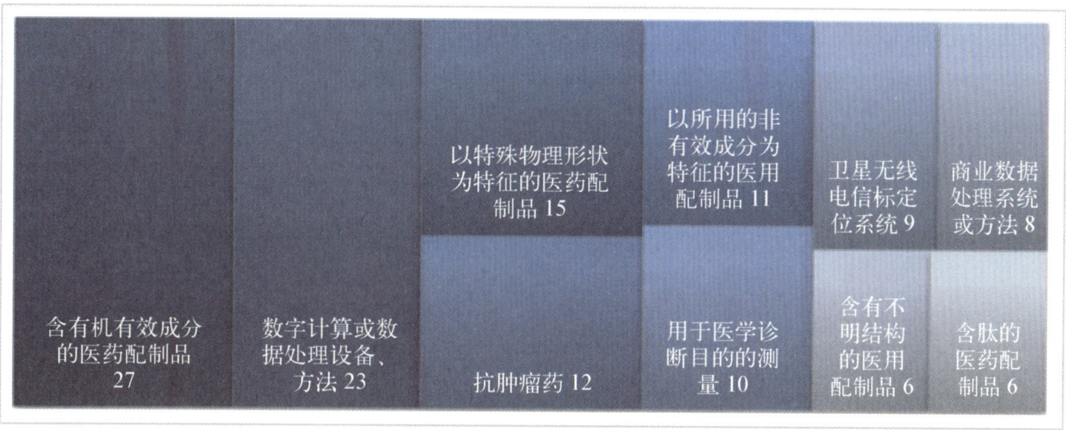

图 18.3　2017 年十大热点专利技术

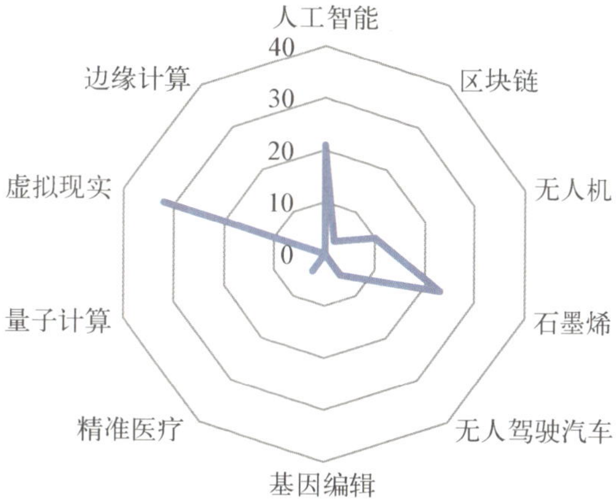

图 18.4　十大新兴技术 PCT 专利数量

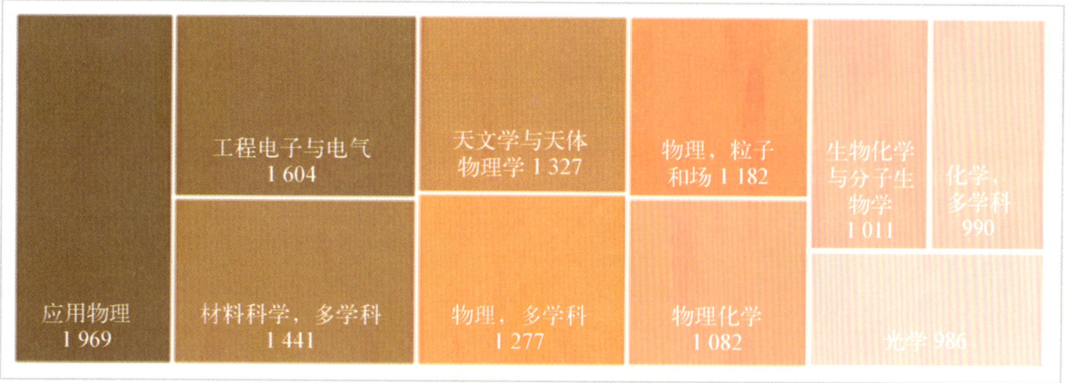

图 18.5　2017 年学术论文十大热点领域

4. 新兴技术学术研究领域排名靠后，较为关注石墨烯技术

从新兴技术学术研究角度看，在我们筛选出的十大新兴技术 SCI 和 CPCI 论文数量上，莫斯科学术成果较少，在 20 个城市中排名靠后，较为关注石墨烯技术(图 18.6)。

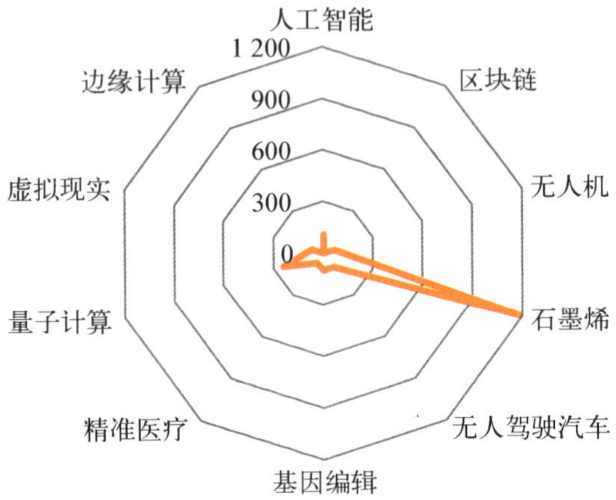

图 18.6　十大新兴技术论文数量

18.3　创 新 质 量

1. 专利平均质量较弱

专利质量指标数值见表 18.1。

表 18.1　2015—2017 年专利质量指标

指　　标	数　　　　值
专利全球申请	2015—2017 年共申请 1 315 项 PCT 专利共 1 314 个专利族，包含全球 4 312 项同族专利，平均每个专利族包含 3.3 项同族专利
专利授权情况	有 713 个专利族包含一个或一个以上发明专利获得专利授权，占专利族数量的 54.3%
权利要求数量	专利权利要求数量 9 249 项，平均每个专利族包含 24.3 项权利要求，单个专利族最高权利要求数量为 178 项
被专利引用情况	被其他专利引用 120 次，平均每个专利族被引用 0.09 次，单个专利族最高被引用 6 次

续 表

指 标	数 值
高质量专利数量	被引次数大于10次的专利族数量0项
引用专利情况	引用其他专利5 576次，平均每个专利族引用其他专利4.24次，单个专利族最高引用其他专利105次
涉及的技术广度	涵盖1 034个IPC大组，2 016个IPC小组

2. 论文质量排名落后

2015—2017年莫斯科市发表的学术论文共计被引用219 882次，单篇最高被引2 223次，发表ESI高被引论文495篇；莫斯科市通讯作者机构的论文被引用69 496次，单篇最高被引423次，发表ESI高被引论文48篇。

18.4 创新主体

1. 专利分布较为分散

2017年莫斯科排名前10位的机构申请人申请的专利族数量为59项，占比14.6%，专利分布较为分散。排名前100家机构包括94家企业、6所高校与研究机构，专利占比分别为95.3%、7.6%，企业专利占比极高(表18.2)。

表18.2 2017年专利申请人前10位排名

排名	专 利 申 请 人	专利数量	申请人属性
1	YANDEX INC	18	企业
2	R-PHARM STOCK CO	8	企业
3	ROSATOM STATE ATOMIC ENERGY CORP (Rosatom原子能国有公司)	6	企业
4	UNITED ENGINE CORP STOCK CO(联合发动机公司)	6	企业
5	VALENTA-INTELLEKT LTD(瓦伦塔有限责任公司)	6	企业
6	EUROCHEM MINERAL & CHEM CO JOINT STOCK(欧洲化学公司)	5	企业

续 表

排名	专 利 申 请 人	专利数量	申请人属性
7	JOINT STOCK CO SCI & INNOVATIONS(科技创新股份公司)	5	企业
8	SOTEKKOMTSENTR CO LTD	5	企业
9	ALLYUR CO LTD	4	企业
10	RUSSIAN SPACE STOCK CO(俄罗斯空间股份有限公司)	4	企业

2. 大学是学术创新主体

2017 年莫斯科市研究论文发表机构以大学为主，前 10 位机构中有 7 所机构为大学。发表论文数量排名前 10 位机构的发文量为 16 491 篇，占莫斯科市发文量的 69.0%。排名前 100 家机构均为研究性机构。

表 18.3 2017 年论文发表机构前 10 位排名

排名	机 构	论文数量	机构类型
1	Russian Acad Sci(俄罗斯科学院)	9 810	研究机构
2	Moscow MV Lomonosov State Univ(莫斯科国立罗蒙诺索夫大学)	5 263	大学
3	Natl Res Nucl Univ MEPhI(国家核子研究大学)	1 685	大学
4	Moscow Inst Phys & Technol(莫斯科物理技术学院)	1 058	研究机构
5	Natl Res Univ(国立高等经济大学)	858	大学
6	Natl Univ Sci & Technol MISiS(莫斯科国立科技大学)	654	大学
7	Bauman Moscow State Tech Univ(鲍曼莫斯科国立技术大学)	433	大学
8	Moscow State Univ Civil Engn(莫斯科国立建筑大学)	412	大学
9	RUDN Univ(俄罗斯人民友谊大学)	385	大学
10	Kurchatov Inst(库尔恰托夫研究所)	351	研究机构

18.5 创新合力

1. 技术创新合力较弱

技术创新合力数值见表18.4。

表18.4　2017年技术创新合力

指　　标	数　　值
申请人合作	2017年申请人合作申请的专利族124个,占专利总量的30.6%。申请人最多的一项专利有11个申请人共同申请
产学研合作	企业和研究机构之间合作申请的专利族数量为6个,占机构专利总量的2.8%
引用非专利文献	引用非专利文献1 934次,平均每个专利族引用非专利文献4.78次,单个专利族最高引用非专利文献数量24篇

2. 学术创新合力较弱

(1) 政府资助论文数：2017年莫斯科市发表的学术论文中,政府基金项目资助的论文有16 032篇,占67.1%。

(2) 合作国家和地区排名：莫斯科市发表的论文共与165个国家和地区有合作关系,这些合作的论文(总量8 773篇)占莫斯科市论文量的36.7%,其中中国排在第6位,共合作1 116篇。

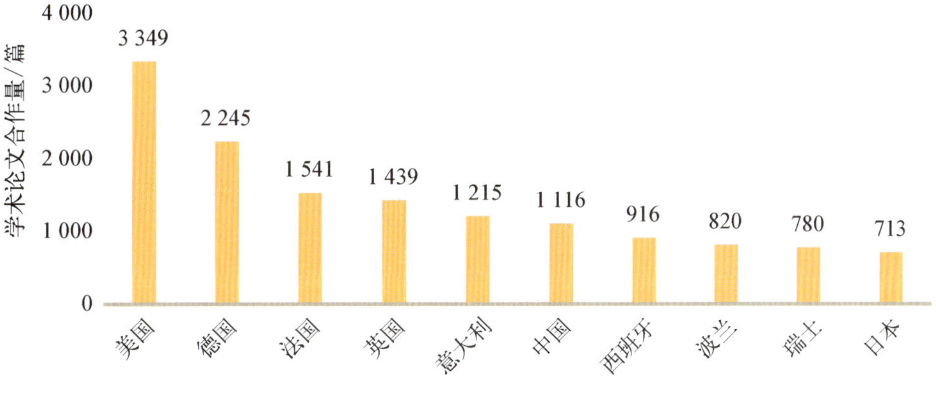

图18.7　2017年莫斯科市学术论文合作前10位国家和地区

(3) 机构合作：两家或更多机构合作的论文共有16 070篇,占67.2%。其中,合作机构最多的一篇论文有569家机构参与合作。

第19章

东　京

东京是日本的首都，位于日本本州岛东部，毗邻东京湾，面积约2 188平方公里。作为全球重要的金融中心、贸易中心与航运中心，东京与美国纽约、英国伦敦并称为三大世界级城市。

东京因其政治、经济与文化中心的地位，聚集了超过全日本十分之一的人口，达到约1 351万，成为日本人口最多、人口密度最大的地区。2017年2月，世界银行公布了2016年全球各大国家的GDP，东京以9 473亿美元成为GDP最高的城市。

东京聚集了日本最多的科技研究资源，共有137所大学（占日本全国的17.6%，大学生总数占25.9%），889所自然科学研究机构（占日本全国的15.8%）。此外，由于文部科学省的存在，东京成为日本科技研发的行政管理中心，不少由文部科学省管理的国立科技研发机构也多在东京，其整体科研实力可见一斑。

19.1 创新态势

1. PCT专利年度公开量呈持续上升趋势，升势有所减缓

2008—2017年，东京申请并公开了210 984项PCT专利，共210 728个专利族。其中，2017年为25 911个专利族，平均万人PCT专利数量为19.2项，PCT专利数量和人均数量为20个城市中最高。从专利年度公开量上看，总体呈现逐步上升趋势，其中2010—2014年增速较快，2015—2017年增速逐渐减缓。PCT专利十年年度复合增长率为5.91%，近三年年度复合增长率为3.53%。

2. 论文数量整体呈波动上升趋势

2008—2017年间，东京每年发表的重要论文（包括SCI、CPCI）数量呈现出波动式的增长趋势，2014年出现一个高峰值，2015年有所回落之后，连续两年增长，2017年达到近10年最高。2017年东京共发表重要学术论文32 267篇。近十年年度复合增长率为1.04%，近三年年度复合增长率为1.18%。

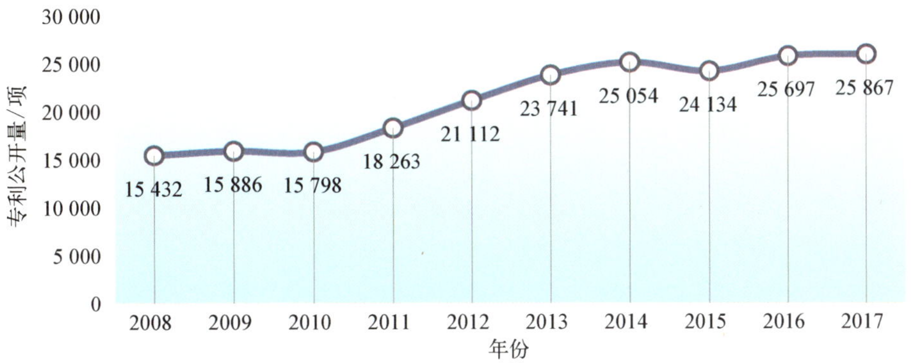

图 19.1　2008—2017 年 PCT 专利年度公开量

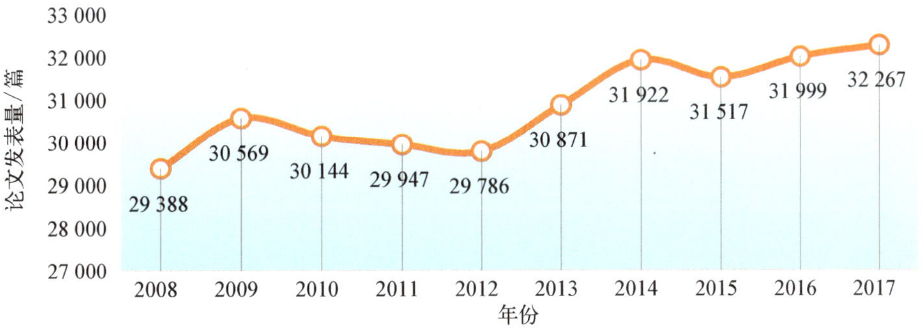

图 19.2　2008—2017 年论文年度发表数量

19.2 创新热点

1. 专利技术热点聚焦半导体技术、电视及显示器件、医学诊断等方面

从专利技术热点角度看，2017 年东京技术创新热点集中在半导体技术、电视系统、医学诊断、数据输入输出、光学元件等方面。与 2012—2016 年热点技术相比，医药配置技术有所降温，而医学诊疗技术有所升温（表 19.1，图 19.3）。

表 19.1　十大热点专利技术排名对比

排名	2017 年		2012—2016 年	
	热 点 技 术	专利数量	热 点 技 术	专利数量
1	半导体器件及制造方法、设备	1039	半导体器件及制造方法、设备	5 276
2	电视系统零部件	942	电视系统零部件	3 635

续 表

排名	2017年		2012—2016年	
	热点技术	专利数量	热点技术	专利数量
3	用目视或照相检查人体的腔或管的仪器	680	数据输入输出装置	3 166
4	数据输入输出装置	675	光学元件	2 755
5	光学元件	638	光控制	2 755
6	由合成树脂组成的层状产品	583	使用有机材料作有源部分的固态器件及其方法或设备	2 697
7	光控制	573	由合成树脂组成的层状产品	2 376
8	使用有机材料作有源部分的固态器件及其方法或设备	500	用目视或照相检查人体的腔或管的仪器	2 306
9	专门适用于特定经营部门的系统或方法	400	电极	1 999
10	电极	396	含有机有效成分医药配制品	1 814

注：下划线为两个年份段不同的热点技术。

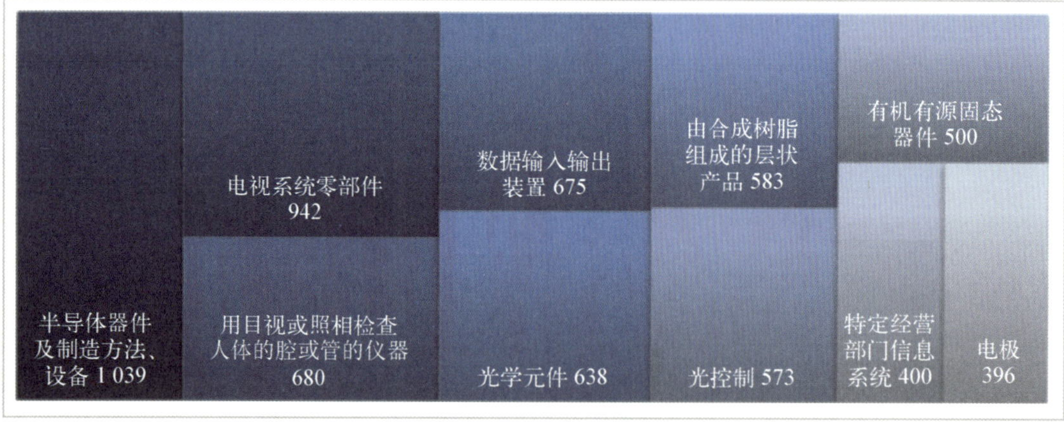

图 19.3 2017年十大热点专利技术

2. 新兴技术产业研发排名居首，关注石墨烯、无人驾驶技术

从新兴技术研发角度看，在我们筛选出的十大新兴技术PCT专利数量上，东京在20个城市中排名居首。分项排名中，10项新兴技术中有9项排名前5位，其中7项排名第1位。同时，更为关注石墨烯、无人驾驶技术研发(图19.4)。

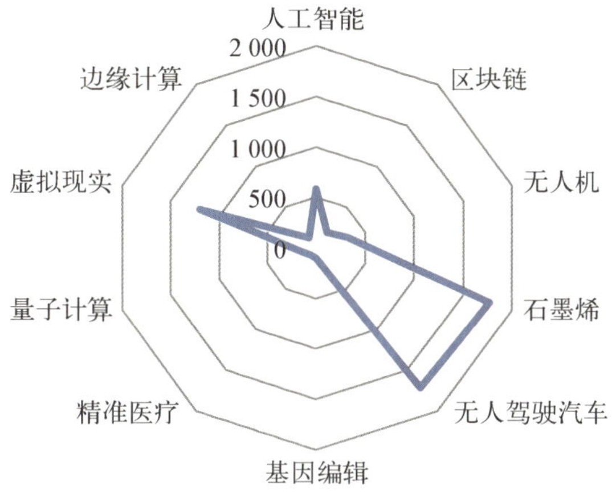

图 19.4 十大新兴技术 PCT 专利数量

3. 论文呈现多元化发展，工程电子占据首位

从论文研究热点看，2017 年东京的主要研究方向呈现出多方向发展，医学、工程电子、物理、化学等均进入前十大热门领域，且近几年东京都保持这种多角度发展状况（表 19.2，图 19.5）。

表 19.2 学术论文十大热点领域排名对比

排名	2017 年		2014—2016 年	
	热 点 技 术	论文数量	热 点 技 术	论文数量
1	工程电子与电气	3 049	工程电子与电气	9 012
2	肿瘤学	1 946	肿瘤学	5 582
3	多学科科学	1 602	应用物理	4 493
4	神经科学	1 370	多学科科学	4 151
5	应用物理	1 313	生物化学与分子生物学	3 639
6	<u>临床神经学</u>	1 228	<u>外科学</u>	3 322
7	药理学与药剂学	1 164	材料科学，多学科	3 210
8	生物化学与分子生物学	1 161	神经科学	3 058
9	材料科学，多学科	1 114	药理学与药剂学	3 019
10	化学，多学科	1 044	化学，多学科	2 934

注：下划线为两个年份段不同的热点技术。

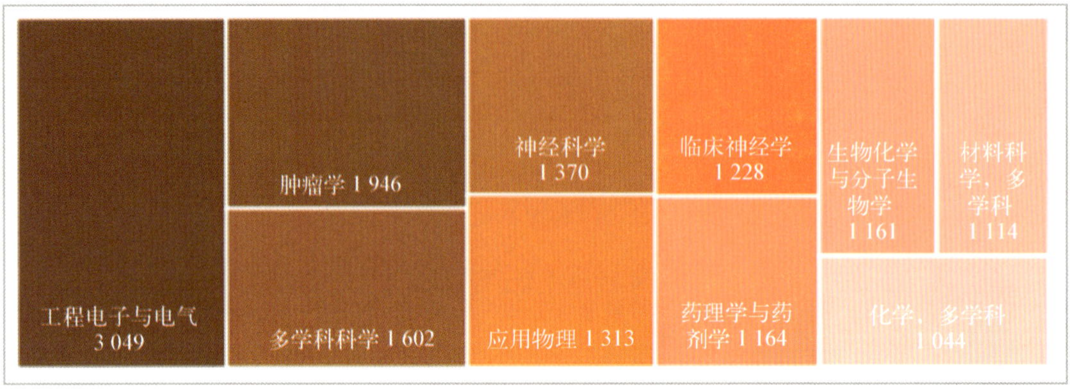

图 19.5　2017 年学术论文十大热点领域排名

4. 新兴技术学术研究领域排名领先，更关注石墨烯技术

从新兴技术学术研究角度看，在我们筛选出的十大新兴技术 SCI 和 CPCI 论文数量上，东京在 20 个城市中排名领先。分项排名中，10 项新兴技术中有 7 项排名前 5 位，更为关注石墨烯技术（图 19.6）。

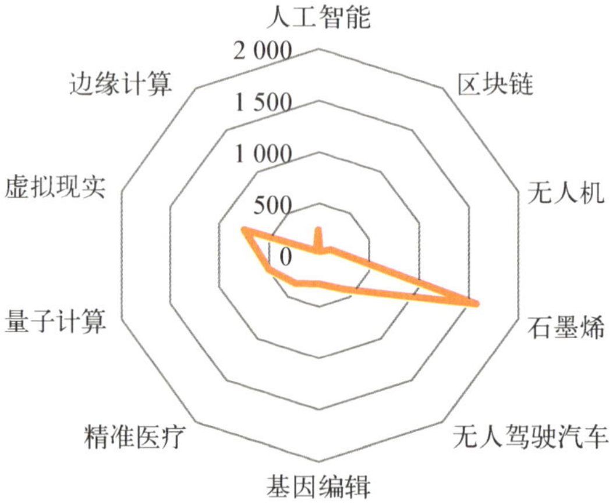

图 19.6　十大新兴技术论文数量

19.3　创新质量

1. 专利质量较弱，平均权利要求、被引率很低，高质量专利占比低

专利质量指标数值见表 19.3。

表 19.3 2015—2017 年专利质量指标

指 标	数 值
专利全球申请	2015—2017 年共申请 75 867 项 PCT 专利共 75 770 个专利族，包含全球 316 946 项同族专利，平均每个专利族包含 4.2 项同族专利
专利授权情况	有 26 376 个专利族包含一个或一个以上发明专利获得专利授权，占专利族数量的 34.8%
权利要求数量	专利权利要求数量 860 466 项，平均每个专利族包含 11.5 项权利要求，单个专利族最高权利要求数量为 497 项
被专利引用情况	被其他专利引用 21 598 次，平均每个专利族被引用 0.29 次，单个专利族最高被引用 121 次
高质量专利数量	被引次数大于 10 次的专利族数量 155 项，占比 0.20%
引用专利情况	引用其他专利 343 880 次，平均每个专利族引用其他专利 4.54 次，单个专利族最高引用其他专利 212 次
涉及的技术广度	涵盖 4 404 个 IPC 大组，23 489 个 IPC 小组

2. 论文质量落后

2015—2017 年东京发表的学术论文共计被引用 379 802 次，单篇最高被引 2 194 次，发表 ESI 高被引论文 791 篇；东京通讯作者机构的论文被引用 150 991 次，单篇最高被引 558 次，发表 ESI 高被引论文 205 篇。

19.4 创 新 主 体

1. 企业拥有技术创新绝对话语权，领先机构中多为企业

2017 年东京排名前 10 位的机构申请人申请的专利族数量为 10 195 个，占比 39.3%，10 家机构均为企业。排名前 100 家机构包括 95 家企业、5 所高校与研究机构，专利占比分别为 97.9%、2.5%，企业专利占比极高。

表 19.4 2017 年专利申请人前 10 位排名

排名	专 利 申 请 人	专利数量	申请人属性
1	MITSUBISHI ELECTRIC CORP（三菱电机株式会社）	2 555	企业
2	SONY CORP(索尼公司)	2 034	企业

续 表

排名	专 利 申 请 人	专利数量	申请人属性
3	FUJI FILM CORP(富士胶片)	983	企业
4	HITACHI LTD(日立公司)	956	企业
5	NEC CORP(日本电气株式会社)	943	企业
6	OLYMPUS CORP(奥林帕斯公司)	932	企业
7	KONICA MINOLTA INC(柯尼卡美能达公司)	495	企业
8	NTT DOCOMO INC	477	企业
9	MITSUBISHI HEAVY IND CO LTD(三菱重工业)	424	企业
10	TOSHIBA KK(东芝公司)	398	企业

2. 大学是学术创新主体,医疗机构占据一定份额

2017 年东京研究论文发表机构以大学为主,前 10 位机构中有 6 所机构为大学。发表论文数量排名前 10 位机构的发文量为 19 129 篇,占东京发文量的 59.28%。排名前 100 家机构包括 79 家研究机构和 21 家医疗机构,论文量占比分别为 79.17% 和 20.11%。

表 19.5　2017 年论文发表机构前 10 位排名

排名	机　　构	论文数量	机构类型
1	Univ Tokyo(东京大学)	9 603	大学
2	Tokyo Inst Technol(东京工业大学)	2 769	大学
3	Keio Univ(庆应义塾大学)	2 067	大学
4	Waseda Univ(早稻田大学)	1 613	大学
5	Tokyo Med & Dent Univ(东京医科齿科大学)	1 365	医疗机构
6	Juntendo Univ(顺天堂大学)	1 146	大学
7	Natl Canc Ctr(日本国家癌症中心研究院)	992	医疗机构
8	Nihon Univ(日本大学)	885	大学
9	Tokyo Womens Med Univ(东京女子医科大学)	873	医疗机构
10	RIKEN(日本理化学研究所)	835	研究机构

19.5 创新合力

1. 技术创新合力居前

技术创新合力数值见表19.6。

表19.6 2017年技术创新合力

指 标	数 值
申请人合作	2017年申请人合作申请的专利族有3 015个，占专利总量的11.6%。申请人最多的一项专利有24个申请人共同申请
产学研合作	企业和研究机构之间合作申请的专利族数量为677个，占机构专利总量的2.6%
引用非专利文献	引用非专利文献69 930次，平均每个专利族引用非专利文献2.70次，单个专利族最高引用非专利文献数量199篇

2. 学术创新合力相对较弱

(1) 政府资助论文数：2017年东京发表的学术论文中，政府基金项目资助的论文有19 201篇，占59.5%。

(2) 合作国家和地区排名：东京发表的论文共与176个国家和地区有合作关系，这些合作的论文(总量9 030篇)占东京论文量的28.0%，其中中国排在第2位，共合作1 732篇。

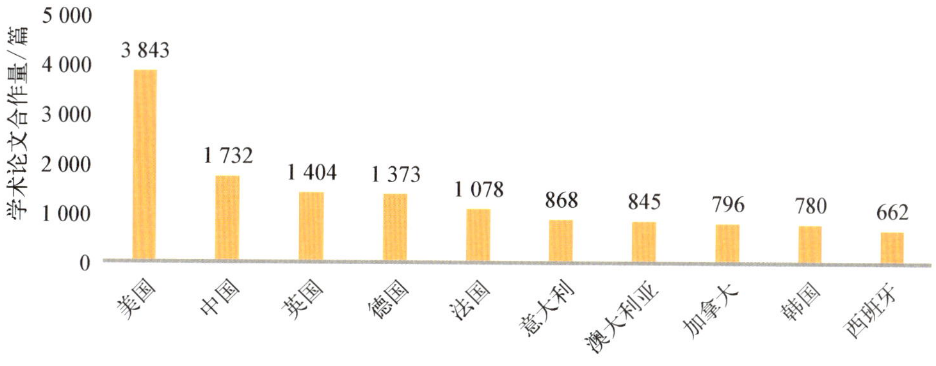

图19.7 2017年东京学术论文合作前10位国家和地区

(3) 机构合作：两家或更多机构合作的论文共有24 320篇，占75.4%。其中，合作机构最多的一篇论文有569家机构参与合作。

第20章

大　阪

大阪市是日本大阪府的府治，为政令指定都市之一，亦是大阪都市圈、京阪神大都市圈乃至于近畿地方的中心城市。全市面积 225.2 平方公里，是日本人口居第 3 位的城市，截至 2018 年 3 月，大阪人口约为 271.7 万人。

在优秀企业家辈出的商都大阪，有许多成为世界级品牌的新产品，也孕育了很多新的商业机会。如今，在重视商业创新及发展速度的大背景下，大阪正积极的构建可持续发展的创新环境（创新生态系统），以及大力引进海内外人才、信息技术、资金等。

20.1 创新态势

1. PCT 专利年度公开量近年来出现回落

2008—2017 年，大阪市申请并公开了 42 372 项 PCT 专利，共 42 341 个专利族。其中，2017 年为 4 717 个专利族，平均万人 PCT 专利数量为 17.4 项。从专利年度公开量上看，总体在前期完成一轮涨势后，最近两年出现稍许回落。PCT 专利十年年度复合增长率为 4.39%，近三年年度复合增长率为 −5.64%。

图 20.1　2008—2017 年 PCT 专利年度公开量

2. 论文数量在下滑后趋于平稳趋势

2008—2017年间，大阪市每年发表的重要论文(包括SCI、CPCI)数量呈现出下滑后趋于平稳的走势，2010—2011年下滑较为明显，目前年度论文数量较为稳定。2017年大阪市共发表重要学术论文5 738篇(图20.2)。

图20.2 2008—2017年论文年度发表数量

20.2 创新热点

1. 电池及相关专利技术被高度关注

从专利技术热点角度看，2017年大阪市技术创新热点集中在电池及其相关技术、医药配制品、轴承等方面。电池及相关技术被高度关注，排名前10位的热点技术中，与电池相关的技术占据5席(图20.3)。

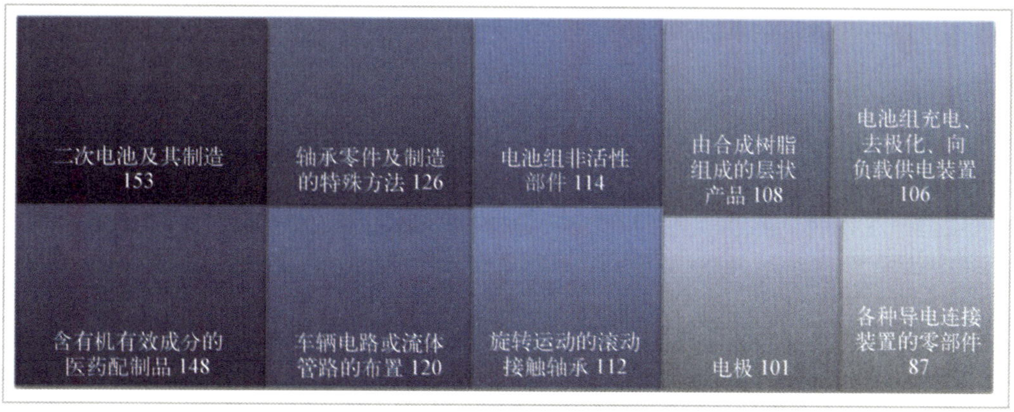

图20.3 2017年十大热点专利技术

2. 新兴技术产业研发排名中间靠后,关注无人驾驶技术

从新兴技术研发角度看,在我们筛选出的十大新兴技术 PCT 专利数量上,大阪市在 20 个城市中排名中间靠后。分项排名中,无人驾驶技术排名第 3 位(图 20.4)。

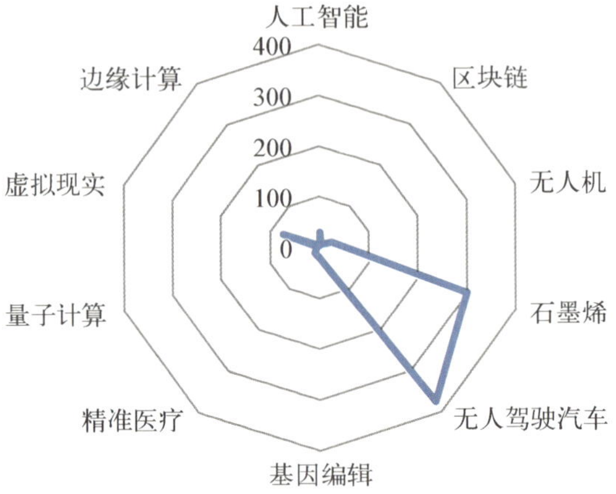

图 20.4　十大新兴技术 PCT 专利数量

3. 论文以医学领域为主

从论文研究热点看,2017 年大阪市的主要研究方向为医学领域,其次是工程电子电气领域(图 20.5)。

图 20.5　2017 年学术论文十大热点领域排名对比

4. 新兴技术学术研究领域排名中间靠后,比较关注石墨烯技术

从新兴技术学术研究角度看,在我们筛选出的十大新兴技术 SCI 和 CPCI 论文数量上,大阪市在 20 个城市中排名中间靠后,比较关注石墨烯技术(图 20.6)。

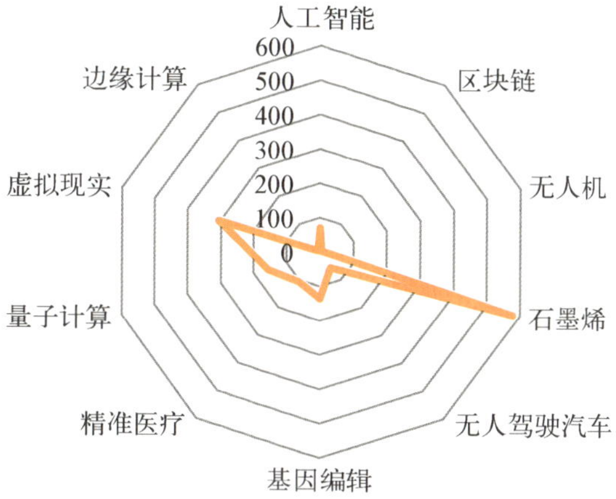

图 20.6 十大新兴技术论文数量

20.3 创新质量

1. 专利质量排名落后

专利质量指标数值见表 20.1。

表 20.1 2015—2017 年专利质量指标

指 标	数 值
专利全球申请	2015—2017 年共申请 15 085 项 PCT 专利共 15 072 个专利族,包含全球 61 380 项同族专利,平均每个专利族包含 4.1 项同族专利
专利授权情况	有 4 534 个专利族包含一个或一个以上发明专利获得专利授权,占专利族数量的 30.1%
权利要求数量	专利权利要求数量 146 189 项,平均每个专利族包含 9.8 项权利要求,单个专利族最高权利要求数量为 104 项
被专利引用情况	被其他专利引用 3 624 次,平均每个专利族被引用 0.24 次,单个专利族最高被引用 30 次
高质量专利数量	被引次数大于 10 次的专利族数量 22 项,占比 0.15%
引用专利情况	引用其他专利 69 784 次,平均每个专利族引用其他专利 4.63 次,单个专利族最高引用其他专利 133 次
涉及的技术广度	涵盖 2 847 个 IPC 大组,11 011 个 IPC 小组

2. 论文质量排名落后

2015—2017 年大阪市发表的学术论文共计被引用 71 861 次，单篇最高被引 1 158 次，发表 ESI 高被引论文 177 篇；大阪市通讯作者机构的论文被引用 21 089 次，单篇最高被引 376 次，发表 ESI 高被引论文 25 篇。

20.4 创新主体

1. 企业拥有技术创新绝对话语权，领先机构多为企业

2017 年大阪市排名前 10 位的机构申请人申请的专利族数量为 3 431 个，占比 72.7%，专利集中度较高，且 10 家机构均为企业。排名前 100 家机构包括 90 家企业、10 所高校与研究机构，专利占比分别为 99.8%、1.9%，企业专利占比极高。

表 20.2　2017 年专利申请人前 10 位排名

排名	专利申请人	专利数量	申请人属性
1	PANASONIC INTELLECTUAL PROPERTY MANAGEME(松下知识产权管理公司)	1279	企业
2	SUMITOMO ELECTRIC IND LTD(住友电气工业株式会社)	758	企业
3	NTN CORP	408	企业
4	DAIKIN IND LTD(大金工业)	208	企业
5	SEKISUI CHEM CO LTD(积水化学工业)	193	企业
6	KANEKA CORP(钟渊化学工业株式会社)	184	企业
7	YANMAR CO LTD(洋马控股株式会社)	131	企业
8	TOYOBO KK(东洋纺织株式会社)	108	企业
9	DAICEL CORP(大赛璐公司)	85	企业
10	SUNTORY HOLDINGS LTD(三得利控股)	79	企业

2. 领先机构中医疗机构占比高

2017 年大阪市研究论文发表机构以医疗与公司为主，前 10 位机构中有 5 所医疗机构和 3 家公司，包括著名的住友集团下属公司。发表论文数量排名前 10 位机构的发文量为 1 523 篇，占大阪市发文量的 26.5%。排名前 100 家机构包括 92 家研究机构和 8 家医

疗机构，论文量占比分别为75.1%和17.6%。

表20.3 2017年论文发表机构前10位排名

排名	机　　构	论文数量	机构类型
1	Osaka City Univ（大阪市立大学）	929	大学
2	Osaka Med Ctr Canc & Cardiovasc Dis（大阪癌症和心血管疾病医学中心）	156	医疗机构
3	Osaka City Gen Hosp（大阪市立综合医院）	141	医疗机构
4	Osaka Inst Technol（大阪工业大学）	127	大学
5	Osaka Med Coll（大阪医科大学）	115	医疗机构
6	Takeda Pharmaceut Co Ltd（武田药品）	33	企业
7	Sumitomo Elect Ind Ltd（住友电气工业株式会社）	30	企业
8	Yodogawa Christians Hosp（淀川基督教医院）	29	医疗机构
9	Sumitomo Dainippon Pharma Co Ltd（大日本住友制药）	28	企业
10	Natl Hosp Org Osaka Natl Hosp（国立大阪医院）	26	医疗机构

20.5 创新合力

1. 技术创新合力排名落后

技术创新合力数值见表20.4。

表20.4 2017年技术创新合力

指　　标	数　　　　值
申请人合作	2017年申请人合作申请的专利族有859个，占专利总量的18.2%。申请人最多的一项专利有7个申请人共同申请
产学研合作	企业和研究机构之间合作申请的专利族数量为127个，占机构专利总量的2.7%
引用非专利文献	引用非专利文献7 325次，平均每个专利族引用非专利文献1.55次，单个专利族最高引用非专利文献数量46篇

2. 学术创新合力排名落后

（1）政府资助论文数：2017年大阪市发表的学术论文中，政府基金项目资助的论文有 3 229 篇，占 56.3%。

（2）合作国家和地区排名：大阪市发表的论文共与 104 个国家和地区有合作关系，这些合作的论文（总量 1 602 篇）占大阪市论文量的 27.9%，其中中国大陆地区排在第 2 位，共合作 406 篇。

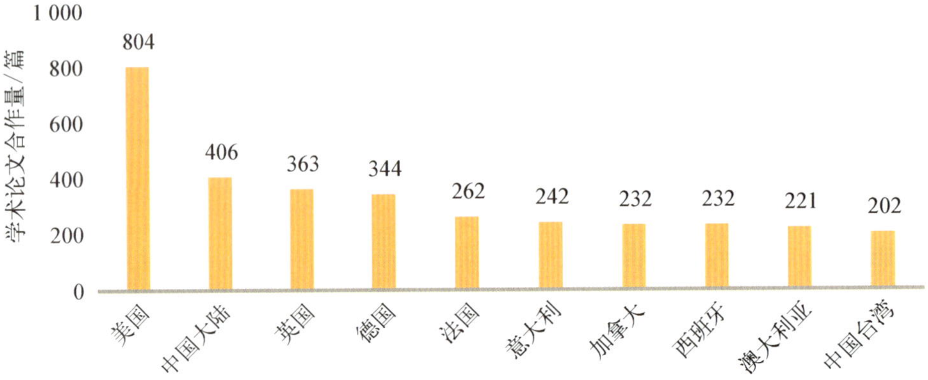

图 20.7 2017 年大阪市学术论文合作前 10 位国家和地区

（3）机构合作：两家或更多家机构合作的论文共有 4 723 篇，占 82.3%。其中，合作机构最多的一篇论文有 569 家机构参与合作。

第21章

首　尔

作为韩国首都，首尔是目前韩国乃至东北亚地区以及全球范围内十分重要的经济文化城市。首尔由25个行政区组成，面积约605.3平方公里，仅占韩国国土的0.6%，人口却高达983.9万人，占全国总人口的20%，且全市拥有52.5%的经济活动人口。

首尔是韩国的重要经济中心，韩国最著名的跨国公司三星、LG(乐金)、现代、KIA(起亚)集团和SK集团等的总部都设在首尔。虽然首尔仅占韩国国土面积的0.6%，但GDP却占韩国GDP的21%。多年来，首尔积极打造城市创业及创新环境，建设数字媒体城、G谷、东大门设计广场、新弘合创意谷等各类产业集群及基地，并大力支援实施科研及各类产业技术创新。

在“经济愿景2030——首尔型创造经济模型”的发展规划中，首尔市提出未来将集中培育绿色技术(GT)、纳米技术(NT)、生物技术(BT)等IT融复合新技术产业。计划至2030年，首尔共支援3500亿韩元用于开展开放式科研活动，重点针对五大领域，包括IT及BT等战略产业技术研发、大学与民间合作研发、技术转化类项目研发、专利技术商业转化类项目研发以及地区特色产业技术研发等。

21.1 创新态势

1. PCT专利年度公开量总体向上

2008—2017年，首尔申请并公开了52 498项PCT专利，共52 317个专利族。其中，2017年为6 400个专利族，平均万人PCT专利数量为6.5项。从专利年度公开量上看，除2014年外，专利年度公开数量呈现增长态势。PCT专利十年年度复合增长率为5.68%，近三年年度复合增长率为10.85%。

图 21.1　2008—2017 年 PCT 专利年度公开量

2. 论文数量整体呈稳步上升趋势，近两年趋于平稳

2008—2017 年间，首尔市每年发表的重要论文(包括 SCI、CPCI)数量呈现出稳步增长趋势，近两年趋于平稳。2017 年首尔市共发表重要学术论文 36 329 篇。近十年年度复合增长率为 5.11%，近三年年度复合增长率为 0.35%。

图 21.2　2008—2017 年论文年度发表数量

21.2　创新热点

1. 专利技术热点聚焦无线通信、电池、数据处理、化妆品技术等

从专利技术热点角度看，2017 年首尔技术创新热点集中在无线通信、电池、数据处理、化妆品技术等方面。与 2012—2016 年热点技术相比，电池及其相关技术、化妆品、显示技术得到了更多的重视(表 21.1，图 21.3)。

表 21.1 十大热点专利技术排名对比

排名	2017 年		2012—2016 年	
	热 点 技 术	专利数量	热 点 技 术	专利数量
1	无线本地资源管理	288	无线电传输系统	1 731
2	二次电池及其制造	277	数据输入输出装置	1 138
3	数据输入输出装置	275	二次电池及其制造	1 011
4	为传输通道提供多用途的装置	241	正交多路复用系统	967
5	电池组非活性部件的结构零件或制造方法	215	适用于特定经营部门的数据处理系统或方法	807
6	适用于特定经营部门的数据处理系统或方法	209	电池组非活性部件的结构零件或制造方法	769
7	电话通信分局设备	203	无线本地资源管理	750
8	化妆品或类似的梳妆用配制品	177	含有机有效成分医药配制品	701
9	使用有机材料作有源部分的固态器件及其方法或设备	159	无线通信网络设备	579
10	适用于商业目的的数据处理系统或方法	156	电极	570

注：下划线为两个年份段不同的热点技术。

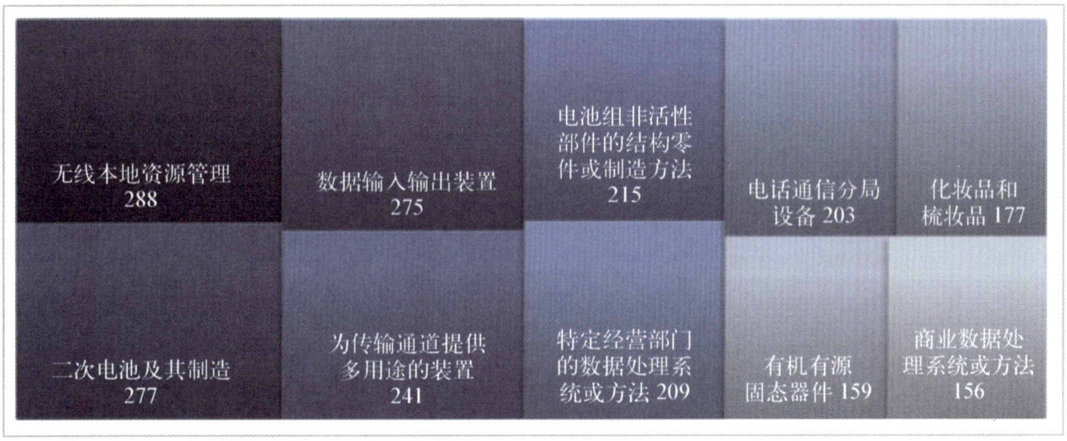

图 21.3 2017 年十大热点专利技术

2. 新兴技术产业研发排名居前，关注石墨烯、虚拟现实技术

从新兴技术研发角度看，在我们筛选出的十大新兴技术 PCT 专利数量上，首尔在 20 个城市中排名居前。分项排名中，在石墨烯、无人驾驶、虚拟现实、边缘计算技术排名前 5

位。同时，更为关注石墨烯、虚拟现实技术研发（图 21.4）。

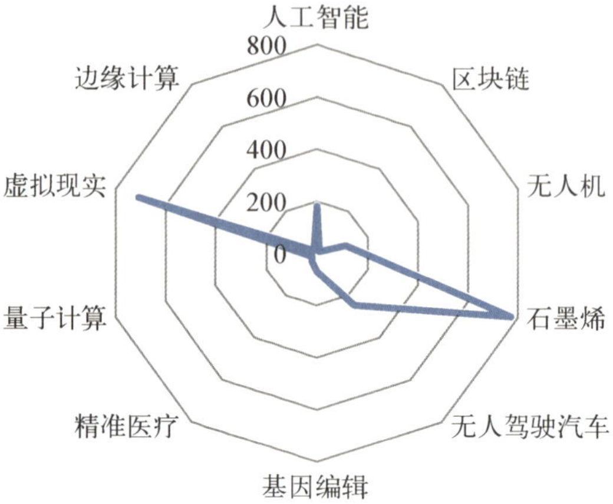

图 21.4　十大新兴技术 PCT 专利数量

3. 学术创新热点多元化，材料科学占据首位

从论文研究热点看，2017 年首尔市的主要研究方向呈现出多元化发展态势，工程电子、材料、物理、医学、化学等均进入前十大热门领域，且近几年都保持这种多角度发展状况。与 2014—2016 年学术创新热点相比基本一致（表 21.2，图 21.5）。

表 21.2　学术论文十大热点领域排名对比

排名	2017 年		2014—2016 年	
	热点技术	论文数量	热点技术	论文数量
1	材料科学，多学科	3 000	工程电子与电气	8 878
2	工程电子与电气	2 813	材料科学，多学科	8 290
3	肿瘤学	2 143	应用物理	6 410
4	应用物理	2 077	肿瘤学	5 841
5	化学，多学科	2 012	化学，多学科	5 594
6	多学科科学	1 809	纳米科学与纳米技术	4 704
7	纳米科学与纳米技术	1 703	外科学	4 557
8	物理化学	1 406	多学科科学	3 890
9	外科学	1 378	生物化学与分子生物学	3 804
10	生物化学与分子生物学	1 309	物理化学	3 679

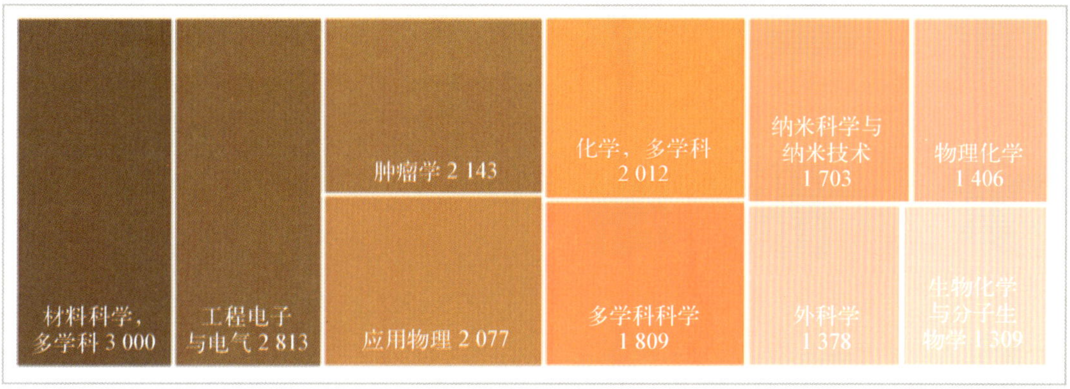

图 21.5　2017 年学术论文十大热点领域

4. 新兴技术学术研究领域排名居前，更关注石墨烯技术

从新兴技术学术研究角度看，在我们筛选出的十大新兴技术 SCI 和 CPCI 论文数量上，首尔在 20 城市排名居前。分项排名中，10 项新兴技术中有 5 项排名前 5 位，其中无人机排名第 2 位，石墨烯、无人驾驶、边缘计算排名第 3 位。更为关注石墨烯技术(图 21.6)。

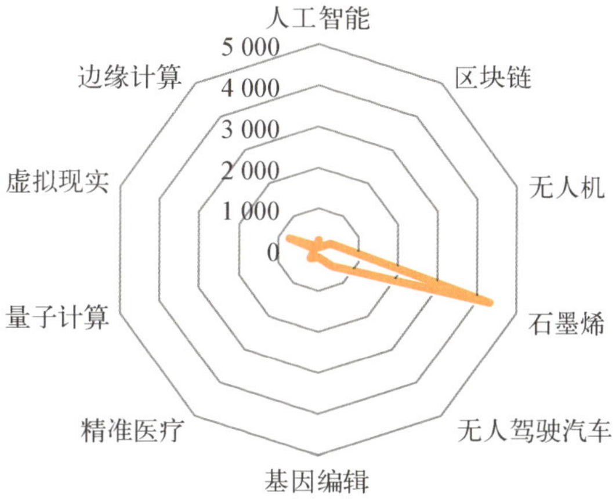

图 21.6　十大新兴技术论文数量

21.3 创 新 质 量

1. 专利质量排名靠后

专利质量指标数值见表 21.3。

表 21.3　2015—2017 年专利质量指标

指　　标	数　　　　值
专利全球申请	2015—2017 年共申请 17 543 项 PCT 专利共 17 477 个专利族，包含全球 69 660 项同族专利，平均每个专利族包含 4.0 项同族专利
专利授权情况	有 8 187 个专利族包含一个或一个以上发明专利获得专利授权，占专利族数量的 47.4%
权利要求数量	专利权利要求数量 249 386 项，平均每个专利族包含 14.7 项权利要求，单个专利族最高权利要求数量为 180 项
被专利引用情况	被其他专利引用 6 129 次，平均每个专利族被引用 0.35 次，单个专利族最高被引用 62 次
高质量专利数量	被引次数大于 10 次的专利族数量 84 项，占比 0.48%
引用专利情况	引用其他专利 73 360 次，平均每个专利族引用其他专利 4.20 次，单个专利族最高引用其他专利 109 次
涉及的技术广度	涵盖 2 710 个 IPC 大组，10 063 个 IPC 小组

2. 论文质量排名靠后

2015—2017 年首尔市发表的论文共计被引用 473 433 次，单篇最高被引 2 194 次，发表 ESI 高被引论文 926 篇；首尔市通讯作者机构的论文被引用 249 153 次，单篇最高被引 705 次，发表 ESI 高被引论文 291 篇。

21.4　创新主体

1. 专利集中在少数领先企业手中

2017 年首尔排名前 10 位的机构申请人申请的专利族数量为 3 990 个，占比 62.3%，呈现出专利比较集中在大机构的特点，企业占据主导。有趣的是其中有多达 5 个基金，其中 4 个是大学产学研基金。前 10 位专利申请人中，排名第 1 位的乐金电子公司申请专利 3 237 项，占 50.6%。排名前 100 家机构包括 79 家企业、21 所高校与研究机构，专利占比分别为 95.3%、6.3%，企业专利占比极高(表 21.4)。

表 21.4　2017 年专利申请人前 10 位排名

排名	专 利 申 请 人	专利数量	申请人属性
1	LG ELECTRONICS INC(乐金电子公司)	3 237	企业
2	UNIV SEOUL NAT R & DB FOUND(首尔大学校产学协力团)	172	企业

续 表

排名	专 利 申 请 人	专利数量	申请人属性
3	AMOREPACIFIC CORP(爱茉莉太平洋公司)	134	企业
4	UNIV KOREA RES & BUSINESS FOUND(高丽大学校产学协力团)	107	企业
5	UNIV HANYANG IUCF - HYU(汉阳大学 IUCF 基金)	105	企业
6	UNIV YONSEI IND ACADEMIC COOP FOUND (延世大学校产学协力团)	74	企业
7	SAMSUNG LIFE PUBLIC WELFARE FOUND MED CE(三星人寿公益福利基金会)	62	企业
8	HYOSUNG CORP(晓星公司)	57	企业
9	CJ CHEILJEDANG CORP(第一制糖株式会社)	55	企业
10	KOREA INST SCI & TECHNOLOGY(韩国科学技术研究院)	52	研究机构

2. 大学是学术创新主体

2017 年首尔市研究论文发表机构以大学为主,前 10 位机构多为大学。发表论文数量排名前 10 位机构的发文量为 26 704 篇,占首尔市发文量的 73.51%。排名前 100 家机构包括 95 所研究机构、4 家医疗机构和 1 家企业,论文占比分别为 93.78%、6.87%和 1.35%。

表 21.5　2017 年论文发表机构前 10 位排名

排名	机　　构	论文数量	机构类型
1	Seoul Natl Univ(首尔大学)	8 652	大学
2	Yonsei Univ(延世大学)	5 241	大学
3	Korea Univ(高丽大学)	4 595	大学
4	Sungkyunkwan Univ(成均馆大学)	2 992	大学
5	Hanyang Univ(汉阳大学)	2 820	大学
6	Kyung Hee Univ(庆熙大学)	1 893	大学
7	Catholic Univ Korea(加图立大学)	1 855	大学
8	Konkuk Univ(建国大学)	1 781	大学
9	Chung Ang Univ(中央大学)	1 703	大学
10	Seoul Natl Univ Hosp(首尔大学医院)	1 489	医疗机构

21.5 创新合力

1. 技术创新合力较弱

技术创新合力数值见表 21.6。

表 21.6 2017 年技术创新合力

指　　标	数　　　　　值
申请人合作	2017 年申请人合作申请的专利族有 549 个，占专利总量的 8.6%。申请人最多的一项专利有 8 个申请人共同申请
产学研合作	企业和研究机构之间合作申请的专利族数量为 152 个，占机构专利总量的 2.6%
引用非专利文献	引用非专利文献 19 408 次，平均每个专利族引用非专利文献 3.03 次，单个专利族最高引用非专利文献数量 109 篇

2. 学术创新合力较弱

(1) 政府资助论文数：2017 年首尔市发表的论文中，政府基金项目资助的论文有 26 036 篇，占 71.7%。

(2) 合作国家和地区排名：首尔市发表的论文共与 173 个国家和地区有合作关系，这些合作的论文(总量 9 672 篇)占首尔市论文量的 26.6%，其中与中国合作的学术论文数量为 1 896 篇，排在所有合作国家和地区的第 2 位。

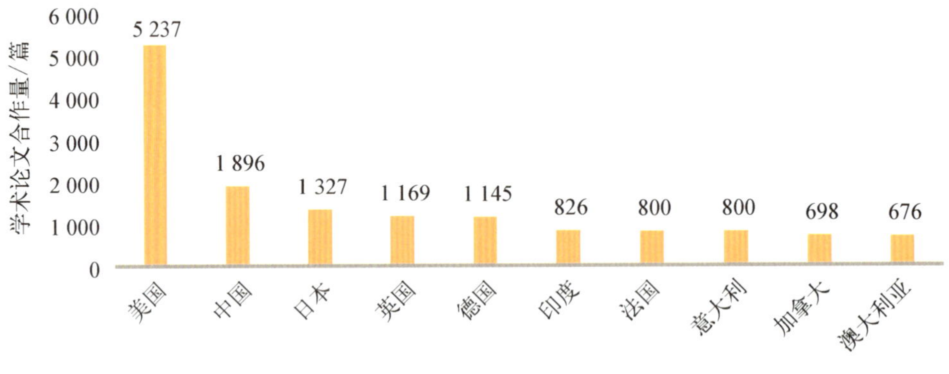

图 21.7 2017 年首尔市学术论文合作前 10 位国家和地区

(3) 机构合作：两家或更多机构合作的论文共有 25 268 篇，占 69.6%。其中，合作机构最多的一篇论文有 569 家机构参与合作。

第22章

新加坡

新加坡共有人口561万(截至2017年6月),公民和永久居民396万,其余为外籍劳工,面积721.5平方公里。新加坡共有6所公立大学,分别是新加坡国立大学、南洋理工大学、新加坡管理大学、新加坡科技设计大学、新加坡理工学院、新加坡新跃大学;根据QS2016/17世界大学排名,新加坡国立大学和南洋理工大学分列第12位与第13位。1991年起,新加坡连续实施科技5年规划,2016年第6个科技5年规划——《研究、创新及创业2020规划》正式启动。连续而有效的政策实施,使得新加坡的整体研发实力实现了质的飞跃,成功步入研发密集型国家的行列。

22.1 创新态势

1. PCT专利年度公开量经历持续上升后略有回落

2008—2017年,新加坡申请并公开了8 784项PCT专利,共8 753个专利族。其中,2017年为924个专利族,平均万人PCT专利数量为1.7项。从专利年度公开量上看,2008—2015年间,PCT专利数量持续上升,2016年、2017年出现稍许回落。PCT专利十年年度复合增长率为3.14%,近三年年度复合增长率为-3.23%(图22.1)。

2. 论文数量整体呈稳步上升趋势

2008—2017年间,新加坡每年发表的重要论文(包括SCI、CPCI)数量呈现出稳步增长趋势,2017年略有下降。2017年新加坡共发表重要学术论文18 199篇。近十年年度复合增长率为5.99%,近三年年度复合增长率为0.85%。

图 22.1　2008—2017 年 PCT 专利年度公开量

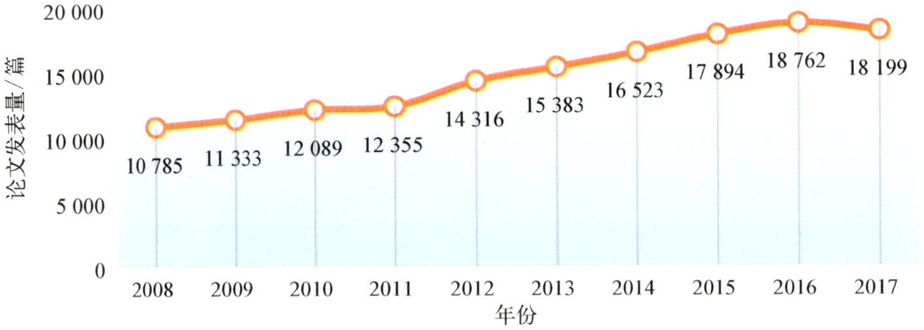

图 22.2　2008—2017 年论文年度发表数量

22.2 创新热点

1. 专利技术热点聚焦半导体器件、材料分析、医药制品、支付系统等

从专利技术热点角度看，2017 年新加坡技术创新热点集中在半导体技术、材料分析、医药制品、支付系统数据处理、生物工程等方面。与 2012—2016 年热点技术相比，半导体器件和支付系统相关研究受到比以往更多的重视(表 22.1，图 22.3)。

表 22.1　十大热点专利技术排名对比

排名	2017 年		2012—2016 年	
	热点技术	专利数量	热点技术	专利数量
1	半导体器件及制造方法、设备	50	利用特殊方法来研究或分析材料	202
2	利用特殊方法来研究或分析材料	41	半导体器件及制造方法、设备	198

续 表

排名	2017年		2012—2016年	
	热点技术	专利数量	热点技术	专利数量
3	含有机有效成分医药配制品	37	含有机有效成分医药配制品	163
4	专门适用于支付体系结构、方案或协议目的的数据处理系统或方法	32	酶或微生物的测定或检验方法	140
5	酶或微生物的测定或检验方法	28	共用衬底内的多个半导体组成的器件	129
6	共用衬底内的多个半导体组成的器件	26	数字视频信号编码、解码,压缩或解压缩的方法或装置	121
7	利用光学手段来测试或分析材料	25	粒子分光仪或粒子分离管	118
8	半导体或其他固态器件的零部件	25	用于诊断目的的测量	99
9	用于诊断目的的测量	23	突变或遗传工程,以及涉及的DNA或RNA、载体	99
10	防止未授权行为的保护计算机或计算机系统的安全装置	23	利用光学手段来测试或分析材料	93

注:下划线为两个年份段不同的热点技术。

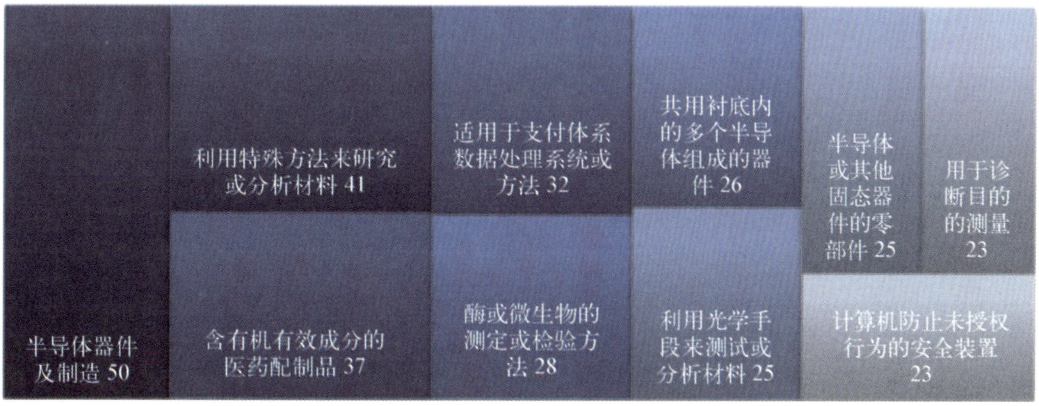

图22.3 2017年十大热点专利技术

2. 新兴技术产业研发排名居中,关注石墨烯技术

从新兴技术研发角度看,在我们筛选出的十大新兴技术PCT专利数量上,新加坡在20个城市中排名居中,关注石墨烯技术研发(图22.4)。

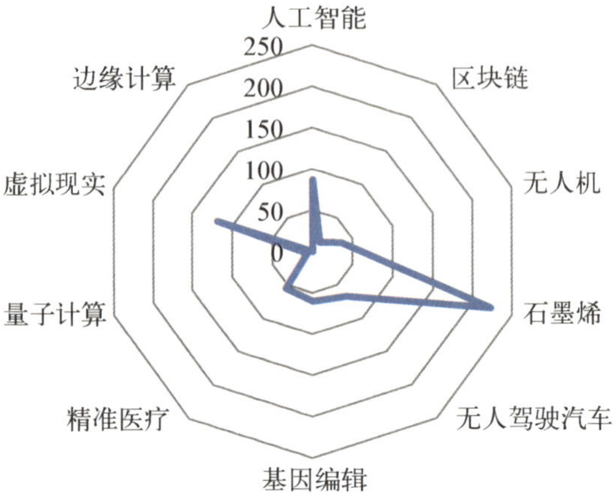

图 22.4　十大新兴技术 PCT 专利数量

3. 学术创新热点以工程电子电气和材料科学为主，理化基础理论实力强

从论文研究热点看，2017 年新加坡的主要研究方向为工程电子电气、材料科学，在物理和化学等领域也具有较好的发展。与 2014—2016 年学术热点相比，淡化了计算机科学，取而代之的是能源与燃料、电信学（表 22.2，图 22.5）。

表 22.2　学术论文十大热点领域排名对比

排名	2017 年		2014—2016 年	
	热 点 技 术	论文数量	热 点 技 术	论文数量
1	工程电子与电气	2 924	工程电子与电气	8 836
2	材料科学，多学科	1 770	材料科学，多学科	4 549
3	应用物理	1 366	应用物理	3 877
4	化学，多学科	1 150	化学，多学科	3 449
5	物理化学	1 014	纳米科学与纳米技术	2 889
6	纳米科学与纳米技术	992	物理化学	2 691
7	多学科科学	854	计算机科学，理论与方法	2 224
8	能源与燃料	767	多学科科学	2 201
9	电信学	732	计算机科学，信息系统	2 155
10	计算机科学，人工智能	723	计算机科学，人工智能	2 126

注：下划线为两个年份段不同的热点技术。

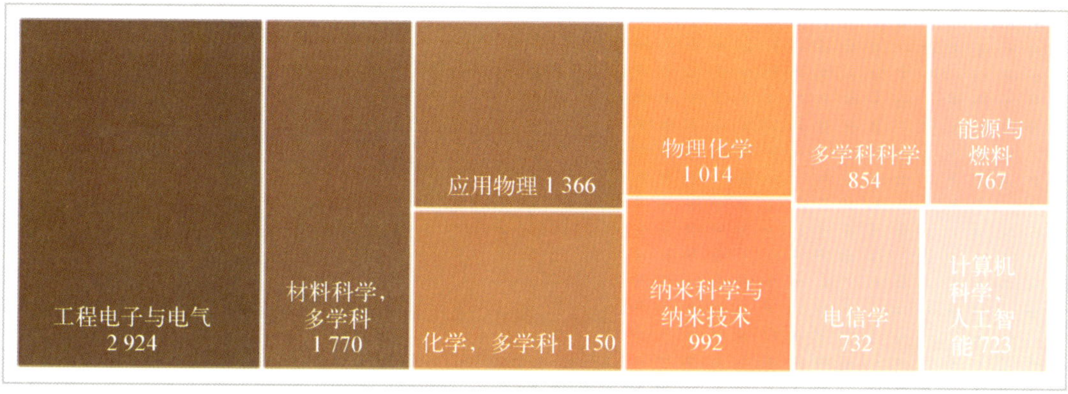

图 22.5　2017 年学术论文十大热点领域

4. 新兴技术学术研究领域排名中间靠前

从新兴技术学术研究角度看，在我们筛选出的十大新兴技术 SCI 和 CPCI 论文数量上，新加坡在 20 城市排名中间靠前。分项排名中，10 项新兴技术中有 7 项排名前 5 位，其中无人驾驶排名第 2 位，无人机排名第 3 位。更为关注石墨烯技术(图 22.6)。

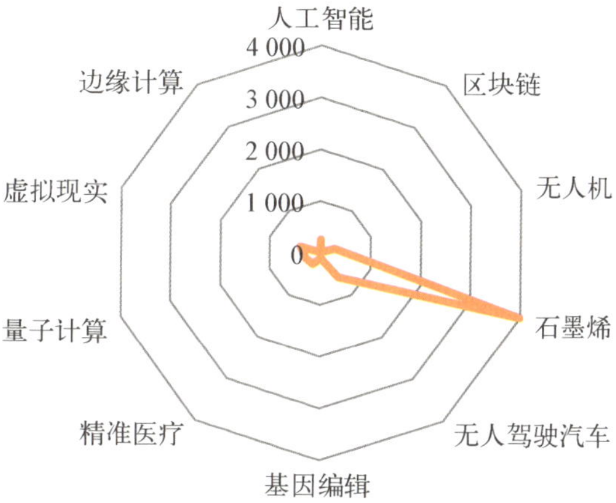

图 22.6　十大新兴技术论文数量

22.3 创新质量

1. 专利质量排名中间偏下

专利质量指标数值见表 22.3。

表 22.3　2015—2017 年专利质量指标

指　标	数　　值
专利全球申请	2015—2017 年共申请 2 854 项 PCT 专利共 2 847 个专利族，包含全球 10 605 项同族专利，平均每个专利族包含 3.7 项同族专利
专利授权情况	有 508 个专利族包含一个或一个以上发明专利获得专利授权，占专利族数量的 17.8%
权利要求数量	专利权利要求数量 65 426 项，平均每个专利族包含 23.4 项权利要求，单个专利族最高权利要求数量为 250 项
被专利引用情况	被其他专利引用 858 次，平均每个专利族被引用 0.30 次，单个专利族最高被引用 62 次
高质量专利数量	被引次数大于 10 次的专利族数量 7 项，占比 0.25%
引用专利情况	引用其他专利 12 531 次，平均每个专利族引用其他专利 4.40 次，单个专利族最高引用其他专利 81 次
涉及的技术广度	涵盖 1 531 个 IPC 大组，4 168 个 IPC 小组

2. 论文质量排名居中

2015—2017 年新加坡发表的论文共计被引用 361 858 次，单篇最高被引 2 194 次，发表 ESI 高被引论文 1 070 篇；新加坡通讯作者机构的论文被引用 192 287 次，单篇最高被引 930 次，发表 ESI 高被引论文 519 篇。

22.4　创 新 主 体

1. 学术机构专利占比较高

2017 年新加坡排名前 10 位的机构申请人申请的专利族数量为 428 个，占比 46.3%。排名前 100 家机构包括 94 家企业、6 所高校与研究机构，专利占比分别为 60.7%、42.5%，高校与研究机构拥有较高的专利占比(表 22.4)。

表 22.4　2017 年专利申请人前 10 位排名

排名	专 利 申 请 人	专利数量	申请人属性
1	AGENCY SCI TECHNOLOGY & RES(新加坡科技研究局)	153	研究机构
2	UNIV NANYANG TECHNOLOGICAL(南洋理工大学)	85	大学
3	UNIV SINGAPORE NAT(新加坡国立大学)	57	大学

续 表

排名	专 利 申 请 人	专利数量	申请人属性
4	HEPTAGON MICRO OPTICS PTE LTD(七边形微光学私人有限公司)	38	企业
5	MEDIATEK SINGAPORE PTE LTD(联发科技)	28	企业
6	MASTERCARD ASIA PACIFIC PTE LTD(万事达(亚太)有限公司)	23	企业
7	RAZER ASIA - PACIFIC PTE LTD(雷蛇(亚太)有限公司)	23	企业
8	DH TECHNOLOGIES DEV PTE LTD(DH 科技发展有限公司)	20	企业
9	SINGAPORE HEALTH SERVICES PTE LTD(新加坡保健服务集团有限公司)	20	企业
10	UNIV SINGAPORE TECHNOLOGY & DESIGN(新加坡科技设计大学)	12	大学

2. 学术创新领先机构中医疗机构占据 6 席

2017 年新加坡研究论文发表机构主要集中于大学、医疗机构。发表论文数量排名前 10 位机构的发文量为 15 188 篇,占新加坡发文量的 83.5%。排名前 100 家机构包括 84 家研究机构以及 16 家医疗机构,论文占比分别为 85.5%和 17.4%。

表 22.5 2017 年论文发表机构前 10 位排名

排名	机 构	论文数量	机构类型
1	Natl Univ Singapore(新加坡国立大学)	6 945	大学
2	Nanyang Technol Univ(南洋理工大学)	6 064	大学
3	ASTAR(新加坡科技研究局)	1 846	研究机构
4	Singapore Gen Hosp(新加坡中央医院)	691	医疗机构
5	Duke NUS Med Sch(杜克-新加坡国大医学院)	599	医疗机构
6	Natl Univ Hlth Syst(国立大学卫生系统)	541	医疗机构
7	Singapore Univ Technol & Design(新加坡科技设计大学)	507	大学
8	Tan Tock Seng Hosp(陈笃生医院)	431	医疗机构
9	Natl Univ Singapore Hosp(新加坡国立大学医院)	394	医疗机构
10	kk Women's & Children's Hospital(竹脚妇幼医院)	306	医疗机构

22.5 创新合力

1. 技术创新合力排名居中

技术创新合力数值见表 22.6。

表 22.6　2017 年技术创新合力

指　　标	数　　　　值
申请人合作	2017 年申请人合作申请的专利族有 272 个，占专利总量的 29.4%。申请人最多的一项专利有 14 个申请人共同申请
产学研合作	企业和研究机构之间合作申请的专利族数量为 46 个，占机构专利总量的 5.2%
引用非专利文献	引用非专利文献 3 584 次，平均每个专利族引用非专利文献 3.88 次，单个专利族最高引用非专利文献数量 43 篇

2. 学术创新合力排名中间偏上

(1) 政府资助论文数：2017 年新加坡市发表的论文中，政府基金项目资助的论文有 12 421 篇，占 68.3%。

(2) 合作国家和地区排名：新加坡市发表的论文共与 172 个国家和地区有合作关系，这些合作的论文(总量 11 821 篇)占新加坡论文量的 65.0%，其中与中国合作的学术论文数量为 4 637 篇，排在所有合作国家和地区的第 1 位。

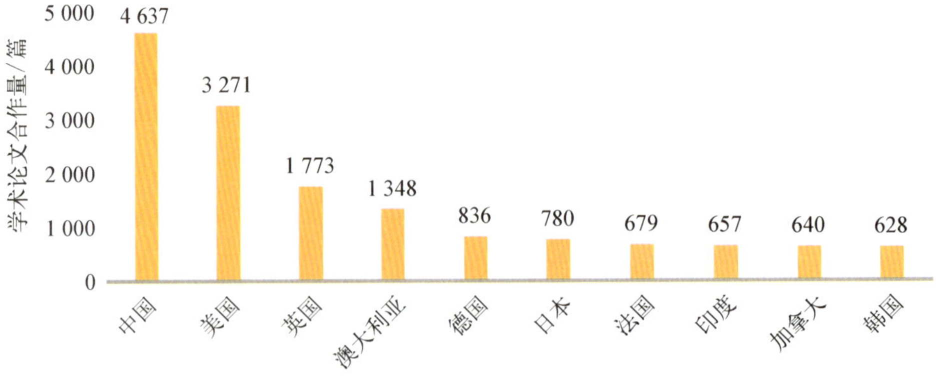

图 22.7　2017 年新加坡学术论文合作前 10 位国家和地区

(3) 机构合作：两家或更多机构合作的论文共有 14 115 篇，占 77.6%。其中，合作机构最多的一篇论文有 533 家机构参与合作。

第 23 章

悉　尼

悉尼位于澳大利亚的东南沿岸，是澳大利亚新南威尔士州的首府，也是澳大利亚面积最大、人口最多的城市。大悉尼都会区面积约 12 367 平方公里，悉尼市区面积约 1 687 平方公里，人口约 513.1 万（截至 2017 年 6 月），大悉尼都会区由悉尼市区和 33 个郊区组成。

2012—2013 年，悉尼的地区生产总值达到了 3 375 亿美元，被誉为南半球的“纽约”。根据 SGS 经济与规划部门 Terry Rawnsley 计算的首府城市 GDP 显示，悉尼经济在 2016—2017 年增长了 3.3%。

悉尼是多个澳大利亚著名大学的所在地，包括于 1850 年创办的澳大利亚第一所大学——悉尼大学。澳大利亚还有 5 所其他公立大学的主要校区在悉尼，它们是新南威尔士大学、麦觉理大学、悉尼科技大学、西悉尼大学及澳大利亚天主教大学。

23.1 创新态势

1. PCT 专利年度公开量总体趋势向上

2008—2017 年，悉尼市申请并公开了 1 532 项 PCT 专利，共 1 527 个专利族。其中，2017 年为 196 个专利族，平均万人 PCT 专利数量为 0.38 项。从专利年度公开量上看，经过 2008—2010 年负增长后，总体呈现上升趋势。PCT 专利十年年度复合增长率为 1.74%，近三年年度复合增长率为 19.74%（图 23.1）。

2. 论文数量整体呈稳步上升趋势

2008—2017 年间，悉尼市每年发表的重要论文（包括 SCI、CPCI）数量呈现出稳步增长趋势，2017 年有所回落。2017 年悉尼市共发表重要学术论文 18 397 篇。近十年年度复合增长率为 7.49%，近三年年度复合增长率为 1.70%（图 23.2）。

图 23.1　2008—2017 年 PCT 专利年度公开量

图 23.2　2008—2017 年论文年度发表数量

23.2　创新热点

1. 专利技术热点聚焦医药医疗、数据处理等技术

从专利技术热点角度看，2017 年悉尼市技术创新热点较为集中，专利十大热点中，医药医疗技术、数据处理技术占据 9 席(图 23.3)。

2. 新兴技术产业研发排名落后，相关成果较少

从新兴技术研发角度看，在我们筛选出的十大新兴技术 PCT 专利数量上，悉尼市在 20 个城市中排名靠后，相关专利较少(图 23.4)。

3. 学术创新热点以医学为主

从论文研究热点看，2017 年悉尼市主要以医学领域为主，但对于工程电子方面也有重点发展，工程电子与电气排在首位(图 23.5)。

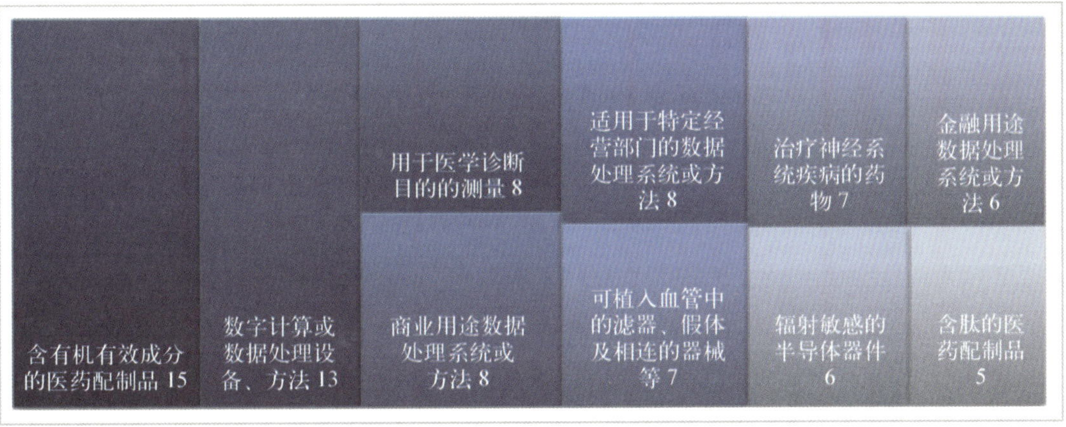

图 23.3　2017 年十大热点专利技术

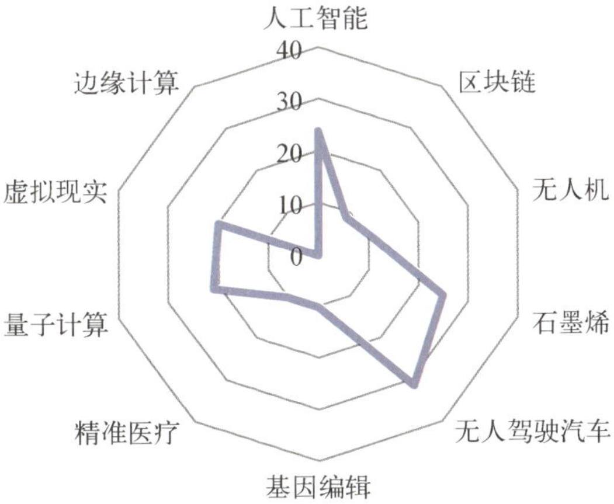

图 23.4　十大新兴技术 PCT 专利数量

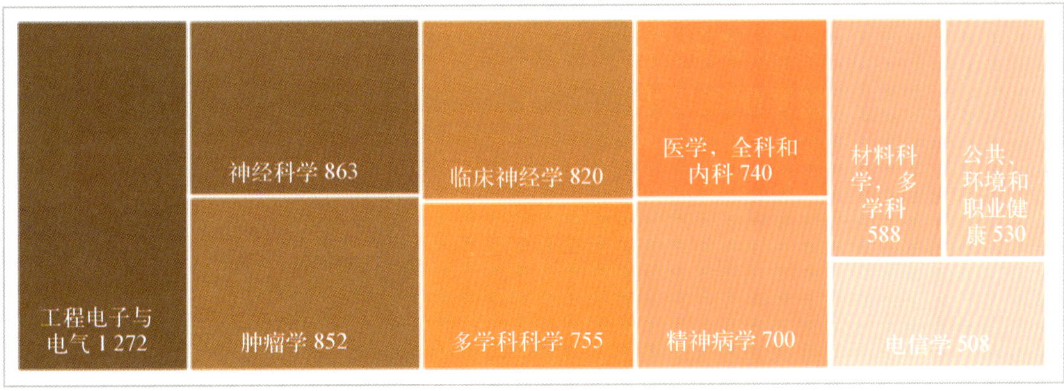

图 23.5　2017 年学术论文十大热点领域

4. 新兴技术学术研究领域排名居中，较为关注石墨烯技术

从新兴技术学术研究角度看，在我们筛选出的十大新兴技术 SCI 和 CPCI 论文数量上，悉尼市在 20 个城市排名中间靠前。分项排名中，在量子计算、区块链、无人机、无人驾驶技术上排名前 5 位，更为关注石墨烯技术(图 23.6)。

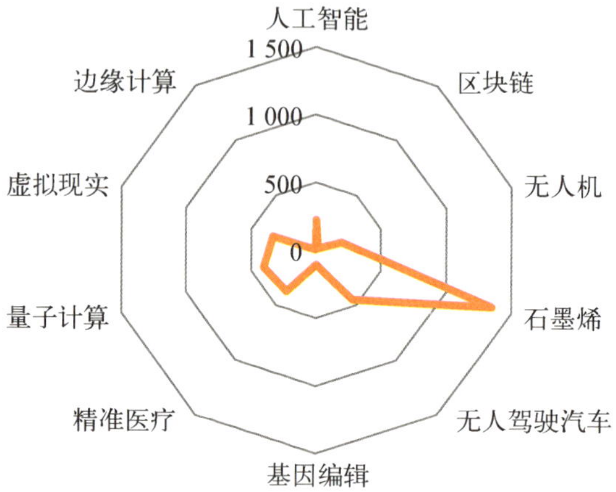

图 23.6　十大新兴技术论文数量

23.3　创 新 质 量

1. 专利质量排名居中

专利质量指标数值见表 23.1。

表 23.1　2015—2017 年专利质量指标

指　　标	数　　　　值
专利全球申请	2015—2017 年共申请 525 项 PCT 专利共 522 个专利族，包含全球 1 929 项同族专利，平均每个专利族包含 3.7 项同族专利
专利授权情况	有 57 个专利族包含一个或一个以上发明专利获得专利授权，占专利族数量的 10.9%
权利要求数量	专利权利要求数量 15 737 项，平均每个专利族包含 30.5 项权利要求，单个专利族最高权利要求数量为 122 项

续 表

指 标	数 值
被专利引用情况	被其他专利引用114次,平均每个专利族被引用0.22次,单个专利族最高被引用14次
高质量专利数量	被引次数大于10次的专利族数量1项,占比0.19%
引用专利情况	引用其他专利2 375次,平均每个专利族引用其他专利4.55次,单个专利族最高引用其他专利26次
涉及的技术广度	涵盖637个IPC大组,1 216个IPC小组

2. 论文质量排名居中

2015—2017年悉尼市发表的学术论文共计被引用341 800次,单篇最高被引2 680次,发表ESI高被引论文1 021篇;悉尼市通讯作者机构的论文被引用142 583次,单篇最高被引1 052次,发表ESI高被引论文331篇。

23.4 创新主体

1. 企业拥有技术创新绝对话语权,领先机构中多为企业

2017年悉尼市排名前10位的机构申请人申请的专利族数量为75个,占比38.3%。排名前100家机构包括92家企业、6所高校与研究机构、2所医疗机构,专利占比分别为92.3%、16.0%和1.9%,企业专利占比极高。

表23.2 2017年专利申请人前10位排名

排名	专 利 申 请 人	专利数量	申请人属性
1	NEWSOUTH INNOVATIONS PTY LTD(新南部创新有限公司)	23	企业
2	UNIV SYDNEY(悉尼大学)	23	大学
3	BORAL IP HOLDINGS AUSTRALIA PTY LTD(博罗IP控股(澳大利亚)有限公司)	8	企业
4	UNITRACT SYRINGE PTY LTD(尤尼特拉克特注射器公司)	5	企业

续　表

排名	专 利 申 请 人	专利数量	申请人属性
5	SOMARK GROUP LTD(SOMARK 集团公司)	4	企业
6	HAVENTEC PTY LTD(黑文技术私人有限公司)	3	企业
7	INNATE IMMUNOTHERAPEUTICS LTD(伊耐特免疫治疗有限公司)	3	企业
8	BENITEC BIOPHARMA LTD(贝尼泰克生物制药有限公司)	2	企业
9	CHEP TECHNOLOGY PTY LTD(集保科技有限公司)	2	企业
10	GENEA IP HOLDINGS PTY LTD(格尼亚 IP 控股私人有限公司)	2	企业

2. 学术成果机构集中度高

2017 年悉尼市研究论文发表机构以大学和医疗机构为主，前 10 位机构中有 5 所大学、4 所医疗机构。发表论文数量排名前 10 位机构的发文量为 15 992 篇，占悉尼市发文量的 86.93%。排名前 100 家机构包括 88 家研究机构和 12 家医疗机构，论文量占比分别为 92.60%和 17.58%。

表 23.3　2017 年论文发表机构前 10 位排名

排名	机　　构	论文数量	机构类型
1	Univ Sydney(悉尼大学)	8 124	大学
2	Univ New South Wales(新南威尔士大学)	6 028	大学
3	Macquarie Univ(麦考瑞大学)	1 689	大学
4	Univ Technol Sydney(悉尼科技大学)	1 490	大学
5	Western Sydney Univ(西悉尼大学)	728	大学
6	Westmead Hosp(悉尼韦斯迈医院)	549	医疗机构
7	Neurosci Res Australia(澳大利亚神经科学研究所)	216	研究机构
8	George Inst Global Hlth(乔治全球健康研究院)	200	医疗机构
9	Sydney Childrens Hosp(悉尼儿童医院)	153	医疗机构
10	Concord Repatriat Gen Hosp(协和荣军总医院)	143	医疗机构

23.5 创新合力

1. 技术创新合力排名落后

技术创新合力数值见表23.4。

表23.4 2017年技术创新合力

指　　标	数　　　　值
申请人合作	2017年申请人合作申请的专利族有33个，占专利总量的16.8%。申请人最多的一项专利有6个申请人共同申请
产学研合作	企业和研究机构之间合作申请的专利族数量为3个，占机构专利总量的1.8%
引用非专利文献	引用非专利文献214次，平均每个专利族引用非专利文献1.09次，单个专利族最高引用非专利文献数量14篇

2. 学术创新合力排名中间偏上

（1）政府资助论文数：2017年悉尼市发表的学术论文中，政府基金项目资助的论文有11 195篇，占60.9%。

（2）合作国家和地区排名：悉尼市发表的论文共与185个国家和地区有合作关系，这些合作的论文（总量10 533篇）占悉尼市论文量的57.3%，其中中国排在第3位，共合作2 494篇。

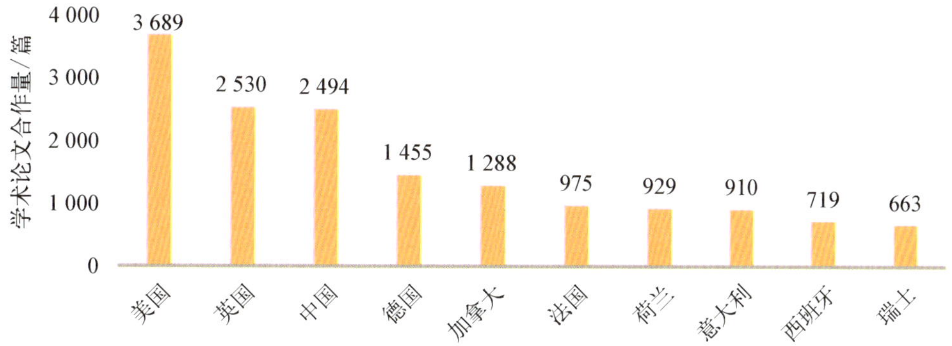

图23.7 2017年悉尼市学术论文合作前10位国家和地区

（3）机构合作：两家或更多机构合作的论文共有15 665篇，占85.2%。其中，合作机构最多的一篇论文有569家机构参与合作。